ДИАЛОГ

Arbeitsheft für
den Russischunterricht

4

Kompetenzstufe B1
des Gemeinsamen europäischen
Referenzrahmens

Herausgeberin/Herausgeber
Dr. Gudrun Seemann
Heiko Seefeldt

Autorinnen/Autoren
Dr. Rima Breitsprecher
Astrid Grundmann
Peter Jigalin
Ulrike Neumann
Heiko Seefeldt
Dr. Astrid Seidel
Lena Richert
Lidiya Semashkina

Beratung
Claudia Braune
Monika Schuster

Deine **Audios** findest du hier:

1. Gehe auf scook.de.
2. Gib den unten stehenden Zugangscode in die Box ein.
3. Hab viel Spaß mit den Audios.

Dein Zugangscode auf
www.scook.de | joz85-hjsvz

Cornelsen

Компромиссы...

1 Скоро в вашу школу приедут российские школьники, которые будут участвовать в программе школьного обмена. Максим, который будет жить в семье Ларса, написал ему письмо. Максим, конечно, ещё не очень хорошо говорит по-немецки.

а) Прочитай письмо.

> Lieber Lars,
> heute schreibe ich dir über meine Hobbys. Ich lese gern, besonders Privatdetektive .
> Außerdem liebe ich Musik und Filme. In unserem Quartier haben wir ein häusliches Kino
> und ein musikalisches Zentrum . In den Urlaub fahren wir jedes Jahr mit der Maschine
> an das Baltische Meer . Da ist es gesund !
> In unserer Stadt gibt es ein Theater. Nach der Schule möchte ich Akteur werden.
> Vielleicht werde ich irgendwann einmal sehr bekannt!
> Mit großem Gruß
> Maxim

б) Переведи письмо на русский язык. Обрати особое внимание на перевод выделенных слов.

в) Напиши текст из упр. а) на правильном немецком языке в тетрадь.

2 Объясни значение следующих слов по-русски.

М Будни – это рабочие дни недели, кроме субботы и воскресенья.

Продавец –

Словарь –

Остановка –

Отпуск –

Век –

3 **Вегетарианец Том**

а) Прочитай текст о примере необычного образа жизни.

Доберман по кличке Том, принадлежащий одному из жителей южноафриканского города Пит-Ретиф, придерживается исключительно вегетарианской диеты. Все попытки накормить его мясом или рыбой ни к чему не привели. Том предпочитает помидоры, огурцы, бананы, дыни, ананасы и булочки, упорно отказывается от обычного собачьего питания.

б) Найди в тексте подходящие слова и словосочетания к этим выражениям:

собаку зовут _____

только _____

дать ему мясо _____

не повезло _____

больше любит _____

не хочет (есть) _____

4 **Какой подарок подходит?**

а) В интернет-магазинах каждый может найти оригинальные подарки. Посмотри на выбор подарков.

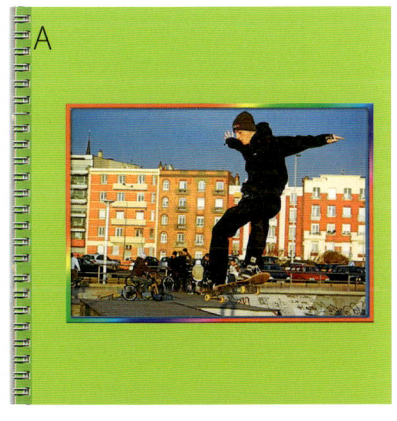

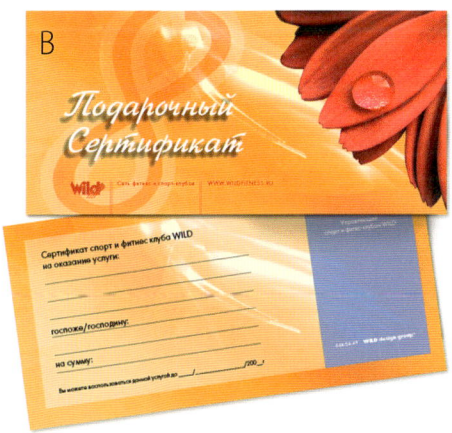

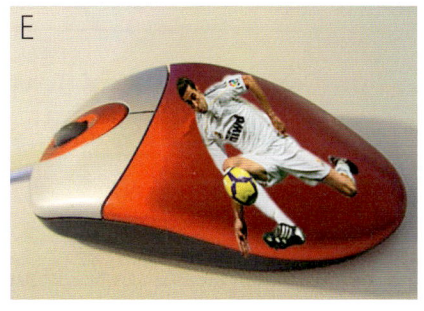

б) Послушай тексты и подбери к ним картинки.

1 ☐   2 ☐   3 ☐   4 ☐   5 ☐   6 ☐

5 **Как назвать детей?**
Дополни предложения глаголами в правильной грамматической форме.

остаться
стать
называть
считаться
выбирать
нравиться
занимать
выбирать

Своих детей москвичи _____ не только такими популярными именами, как,

например, Александр, Максим, Никита, Анастасия, Анна и Елизавета. Некоторые родители

_____ для своих детей такие необычные имена как, например, Дельфин, Ангел,

Ветер, Север. Самым популярным именем в Москве для мальчика по-прежнему _____

Александр. Многим жителям столицы _____ такие имена: Максим, Иван, Дмитрий,

Никита, Михаил, Андрей. Среди имён для девочек первое место _____ Анастасия.

Популярными _____ такие имена: Софья, Мария, Дарья, Елизавета, Анна.

Своим детям москвичи стали чаще _____ старославянские имена. Среди них

популярными _____ Мирослав, Елисей, Добрыня, Любава, Забава, Станислава.

---

6 **Найди в Интернете статистики о популярных именах в Германии и в России. Впиши их в график.**

Популярные имена в России

Популярные имена в Германии

мальчики   девочки   мальчики   девочки

---

7 **Планы и реальность…**

Schreibe, dass
du davon träumst, Webdesigner zu werden.

_____

du weißt, dass du die Schule gut beenden musst.

_____

es eine gute Idee ist, im Ausland zu arbeiten.

_____

Karriere und viel Geld auch nicht schlecht wären.

_____

8 Какое слово не подходит? Подчеркни его.

электронная почта – свобода – память – клавиатура

сериал – новости – корт – передача

политика – юзер – наркоман – хакер

ракетка – кроссовки – пожар – футбол

редко – вполне – вредно – быстрее

упражнение – источник – тренировка – занятие

глупый – полёт – полезный – прекрасный

9 Прочитай объявления из Интернета.
a) Что они рекламируют? Соотнеси цифру с буквой.

Die Seite wirbt für

1
Экономь на телефонных разговорах.
Скачай новый QIP и
звони совершенно бесплатно!

a | das Installieren von Werbung auf der eigenen Homepage.

2
Увеличь доход от своего сайта.
Размести на своём сайте рекламные блоки Magna и увеличь свой доход.

б | die Zusammenarbeit beim Erstellen von Websites.

3
Лучшие знакомства Рунета.
Знакомься, общайся, влюбляйся.
Проведи время интересно!

в | preiswertes Telefonieren.

4
Лучшее предложение для веб-мастеров.
Есть сайт? Заработай на нём!
Выгодные сотрудничества.

г | gemeinsamen Zeitvertreib.

| 1 | | 2 | | 3 | | 4 | |

б) Дополни таблицу. Напиши правильные грамматические формы.

Infinitiv	Imperativ		Infinitiv	Imperativ
	экономь			звони
скачать			знакомиться	
общаться				проведи

1 Прочитай e-mail Кости Борису.

а) Заполни пропуски. Перепиши текст письма в тетрадь.

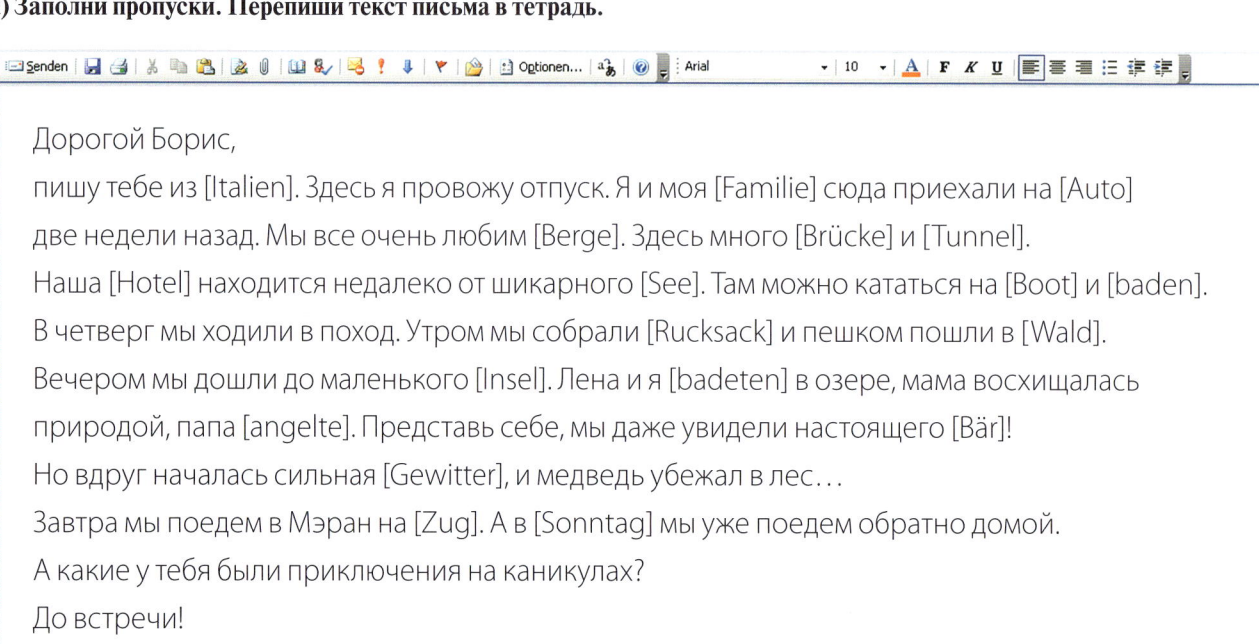

Дорогой Борис,

пишу тебе из [Italien]. Здесь я провожу отпуск. Я и моя [Familie] сюда приехали на [Auto]

две недели назад. Мы все очень любим [Berge]. Здесь много [Brücke] и [Tunnel].

Наша [Hotel] находится недалеко от шикарного [See]. Там можно кататься на [Boot] и [baden].

В четверг мы ходили в поход. Утром мы собрали [Rucksack] и пешком пошли в [Wald].

Вечером мы дошли до маленького [Insel]. Лена и я [badeten] в озере, мама восхищалась

природой, папа [angelte]. Представь себе, мы даже увидели настоящего [Bär]!

Но вдруг началась сильная [Gewitter], и медведь убежал в лес…

Завтра мы поедем в Мэран на [Zug]. А в [Sonntag] мы уже поедем обратно домой.

А какие у тебя были приключения на каникулах?

До встречи!

Костя

б) Напиши русскому другу (русской подруге) e-mail или открытку о своих каникулах.

2 Заполни ассоциограмму.

В какой стране?
в Англии, России,
во Франции
Где?
в горах, на море, в лесу

Где там можно жить?
в гостинице, на турбазе,
в доме отдыха

*Когда можно туда
поехать?*
в августе, на каникулах, …

С кем проводить время?
с семьёй, с друзьями, …

**провести
каникулы/отпуск**

Как можно туда доехать?
на автобусе, машине, …

*Что там можно
посмотреть?*
городской центр, …

Что там можно делать?
ходить в музеи, на
   экскурсии,
кататься на лодке,
купаться в озере, плавать,
флиртовать, лежать на
пляже, жить в палатке, …

Как там было?
классно, скучно, …

Сделай коллаж о стране, в которой ты мечтаешь провести каникулы.
Представь его своим одноклассникам.

3 Какая твоя любимая одежда?

а) Дополни высказывания Марка.

Мой любимый цвет – _____, а _____ цвет не очень люблю.

Больше всего мне нравятся, конечно, джинсы. Я всегда хожу в них. Мои самые любимые

джинсы _____ цвета. _____ или _____ джинсы я совсем не люблю;

я думаю, что только девушки любят джинсы таких цветов. Почти вся моя одежда

_____ цвета.

В школу я всегда хожу в _____ или _____ футболке. Но когда меня приглашают

на день рождения или на вечеринку, я хожу в рубашке.

б) Принеси фотографию или постер своего кумира и опиши, как он/она выглядит.

4 Ты эксперт по русскому языку?

а) Напиши русские эквиваленты данных слов.

Eindruck   _____

Auftritt, Darbietung   _____

Erlebnis   _____

Begeisterung   _____

Fernsehen   _____

Abschluss, Beendigung   _____

Glückwunsch   _____

Einladung   _____

б) Дополни предложения. Используй слова из упр. а).

1. Для туристов поездка в Россию всегда _____ .

2. В _____ посмотрим фрагмент из фильма *Аватар*.

3. Большое спасибо за _____ на концерт.

4. Мне не понравилось _____ этого певца.

5. Ты знаешь какие-нибудь программы российского _____ ?

6. Ты был на выставке? Расскажи о своих _____ о выставке.

7. Футбол – это моё _____ .

5 **В аэропорту**
Пиктограммы дают важную информацию без слов.

а) Подбери подходящие слова к пиктограммам.

информация   телефон   зал ожидания   магазин Duty free

ресторан   доступ к Интернету

б) Заполни предложения с помощью данных пиктограмм.

1. Где _____ ?

2. Где я могу _____ ?

3. Скажите, пожалуйста, где _____ ?

4. Я не знаю, _____ .

5. Я хочу _____ .

6. Мне нужно _____ .

6 **Пословицы – богатство языка.**

а) Объясни своим одноклассникам, как ты понимаешь заголовок этого раздела (стр. 6).

б) Подбери к данным пословицам подходящий русский, немецкий и английский эквиваленты.

Всё хорошо, что хорошо кончается.	Alles zu seiner Zeit.	The tailor makes the man.
Всему своё время.	Kleider machen Leute.	All´s well that ends well.
По одёжке встречают, по уму провожают.	Ende gut, alles gut.	Everything in its season.

7 Познакомься с немецким ребусом. Потом отгадай зашифрованное во второй картинке русское слово. Попробуй составить свой ребус.

1, 3   1=L , 6   2 = i

ф   5,4,3,2,1,7,6   P   6 = e

_____

_____

---

8 Кроссворд

1 niemals	4 vergessen *v.*	7 der See	10 laut *Adv.*
2 Bildung	5 Bär	8 anders *Adv.*	11 zuverlässig *Adj.*
3 Müll	6 Natur	9 Nachrichten	12 gefährlich *Adv.*

Wie lautet das Lösungswort? _____

---

9 Секрет итальянской пиццы.
Прочитай текст и выбери правильный ответ.

По итальянской традиции, кроме теста, в пицце обязательно должны присутствовать три ингредиента: томатный соус, сыр *Моцарелла* и петрушка. Для чего они нужны с кулинарной точки зрения, более или менее понятно. Но они также имеют и символическое значение. Какое?

Это   ☐ самые полезные продукты в мире.   ☐ метафора цветов флага Италии.

1 Напиши, какой он(а) человек? А какой ты человек?

Борис оптимистично смотрит в будущее.   Он _____

Нина всегда помогает бабушке.   Она _____

Ваня каждый день в 8 часов в школе.   Он _____

Инна любит разговаривать с друзьями.   Она _____

Лена часто смеётся.   Она _____

Я _____   Я _____

2 Представь, что Алиса, ученица школы-партнёра из Владимира, живёт уже две недели в твоей семье. В школе она разговаривает с учителем немецкого языка. Переведи их разговор.

Учитель немецкого языка	Ты	Алиса
In welcher Schule lernst du?		
		Я учусь в лицее.
Welche Schultypen gibt es in Russland?		
		У нас есть различные типы школ, например, гимназии и лицеи.
Gibt es in eurer Schule Profilklassen?		
		Да, есть. Школьники углублённо изучают, например, математику, иностранные языки и другие предметы. А у меня тоже есть вопрос. Вам нравится преподавать в школе?
Natürlich. Besonders gern spreche ich über Literatur.		

3 Напиши в тетради о профиле своей школы, например, о предметах, расписании уроков и т. д.

ШКОЛА

научно-экономического профиля   естественно-научного профиля

языкового профиля   художественного профиля   спортивного профиля   технического профиля

социально-экономического профиля   художественно-эстетического профиля

4 Напиши по-русски.

Briefe (ver)schickt man heute per E-Mail.

_____

Das Schuljahr wird in Russland in vier Vierteljahre (Quartale) eingeteilt.

_____

Wir müssen (Bahn-)Fahrkarten (Plätze) im Schlafwagen reservieren.

_____

Im Fernsehen kann man interessante Filme sehen.

_____

Von den Schülern, die an verschiedenen Projekten teilnehmen,
werden interessante Plakate angefertigt.

_____

5 Напиши следующие предложения в косвенной речи.

Отец спросил сына: «Ты уже выбрал профессию?»

_____

Сын ответил: «Я ещё не знаю, кем стать».

_____

Мама спросила Нину: «Как прошло путешествие?»

_____

Нина рассказала: «Путешествие было очень интересным.
Я решила учиться на экскурсовода».

_____

Бабушка попросила внучку: «Помоги мне, пожалуйста, приготовить обед».

_____

6 Найди в словарной змейке четыре страдательных причастия настоящего времени и напиши их. Подчеркни суффикс причастия. Напиши инфинитив глагола, от которого образовано причастие.

беседуеминтересныймыполучаемыйпринимательделаемыйзаботимся
организуемыйобязательныйсредиразличныйлюбимыйпишем

_____   _____

_____   _____

7 Перефразируй следующие предложения по образцу.

М Читаемая школьниками книга не очень интересна.

Книга, которую школьники читают, не очень интересна.

Фотографируемое туристом здание очень старое.

_____

Решаемые экспертами вопросы трудны.

_____

Мы поздравили своих любимых учителей с праздником.

_____

8 Прослушай текст и напиши, у кого какая профессия. 🎧

ФИО[1]: _____

профессия: _____

ФИО: _____

профессия: _____

ФИО: _____

профессия: _____

ФИО: _____

профессия: _____

ФИО: _____

профессия: _____

ФИО: _____

профессия: _____

1 ФИО – фамилия, имя, отчество

9 Напиши однокоренные слова по образцу.

М беседа
das Gespräch

беседовать
sich unterhalten

бесед

собеседник
der Gesprächspartner

собеседница
die Gesprächspartnerin

преподава

unterrichten, lehren

Lehrer, Unterrichtender

преподавание

_____

leiten, führen, an der Spitze stehen

руковод

Leiter, Führer, Manager

руководство

зарабатывать _uv._   заработок

_____

заработный

verdienen _v._

10 Напиши, что делает …

учитель(ница)   – _____

строи́тель[1]   – _____

писатель(ница)   – _____

актёр/актриса   – _____

руководитель фирмы   – _____

1 _ср._ строить

11 Напиши в своей тетради, какая профессия тебя особенно интересует и почему.

Профессия – Хобби? Интересы? Карьера?

1 Журналист взял интервью у известной российской писательницы Татья́ны Ники́тичны Толсто́й. Прочитай её ответы. Напиши вопросы журналиста.

– _____

– Лев Никола́евич Толсто́й – мой очень дальний родственник. А Алексе́й Никола́евич Толсто́й – дед моего отца.

– _____

– Журнал *Аврора* опубликовал мои первые рассказы в 1983 году.

– _____

– Мои главные герои – простые люди, женщины, дети.

– _____

– Да, в 2003 году я побывала во Франкфурте-на-Майне. Там состоялась книжная выставка-ярмарка, на которой я представила свой роман *Кысь*.

– _____

– Несколько лет я жила и работала в США, в Принстоне. Я преподавала русскую литературу в университете. Сейчас я живу в Москве.

2 Найдите ещё другие интересные факты жизни и творчества Татьяны Толстой. Возьмите у неё интервью. Разыграйте сценку.

3 Александр ещё недолго живёт в Германии. Его заинтересовало следующее объявление. Поэтому он просит тебя, чтобы ты ему объяснил(а), о чём идёт речь в объявлении. Передай ему основное содержание текста в письменной форме.

Karriere Start – *Messe für Ausbildung und Studium*

Wie in jedem Jahr findet auch diesen Winter unsere beliebte **Bildungsmesse in Dresden** statt.
Schulabgänger und Interessenten können sich vom 12. bis 14. Februar unter anderem über folgende Ausbildungsmöglichkeiten informieren:

Medizinische Berufe: Krankenschwester/Krankenpfleger, medizinisch-technische Assistenten/-innen
Technische Berufe: Web-Designer, Informatiker, Techniker, Ingenieur, Informations- und Kommunikationstechnologe
Handwerksberufe: Maler, Mechatroniker, Bauarbeiter, Schlosser

Lernen Sie unsere internationalen Ausbildungs- und Studienprogramme kennen:
Management • Office Management • Marketing • Kommunikation • Projektmanagement
und viele andere Ausbildungsmöglichkeiten, z. B. Bankier, Wirtschaftsassistent, Europakorrespondent u.a.

Messe Karriere Start – für junge Leute, die etwas bewegen.

Die Experten von morgen sind die Auszubildenden von heute.
Besuchen Sie deshalb unsere vielfältigen Stände und informieren Sie sich umfassend.

> • **Эти слова тебе помогут:**
> • выставка-ярмарка образования (Bildungsmesse)
> • санитар/медбрат (Krankenpfleger)
> • ремесленный (Handwerks-)
> • строитель (Bauarbeiter)
> • стенд (Messestand)

1 Прочитай ещё раз в учебнике текст 1 на стр. 22. Дополни следующий текст подходящими по смыслу словами. Напиши их в правильной грамматической форме.

общество | реагировать | высшее образование | удобно | рынок труда | шансы

Институт экономики провёл анализ _____. Он отражает ситуацию

в _____. В городах не так трудно найти работу, особенно в сфере обслуживания.

Рынок труда _____ на желания людей, которые хотят жить _____,

комфортно и интересно. Профессии в области маркетинга имеют очень хорошие

_____. Есть большой спрос на персонал с _____.

2 Дополни предложения подходящими по смыслу глаголами.

Последние опросы студентов _____ развитием рынка труда. Они _____

ситуацию в обществе и _____ на социально-экономические изменения.

Городским жителям не так трудно _____ работу. Поэтому многие молодые люди

хотят _____ и _____ в городе.

3 Представь, что ты изучаешь юриспруденцию в Берлинском университете. В следующем семестре ты хочешь пройти практику в российской юридической фирме. Напиши своё резюме.

	Резюме
ФИО[1]	
Адрес	
Телефон	
E-Mail	
Дата и место рождения	
Образование с_____ до_____	
Владение иностранными языками	
Особые навыки и знания	
Дополнительная информация, интересы…	

1 ФИО – фамилия, имя, отчество

4 И. И. Волцов (→ учебник, стр. 23, упр. 3) собирается послать своё резюме менеджеру по персоналу веб-студии *Графика*, А. С. Попову. Дополни текст сопроводительного письма к резюме.

От кого:	ivanvol@mail.ru
Кому:	apopov@studio-grafika.ru
Тема:	практика в Вашей фирме
Приложение:	CV_IIVolzov.doc

Уважаемый господин Попов,

на Вашем сайте я узнал, что Вы предлагаете молодым людям пройти практику в Вашей фирме. Меня очень заинтересовало это предложение. Я учусь в

_____

_____

Мои специальности – _____

_____

_____

Хорошо знаю _____

_____

_____

_____

К письму прилага́ю[1] моё резюме. Буду рад получить приглашение на собеседование.

С уважением,

Волцов Иван Иванович

Тел.: (+7)4922-84-60-83
E-mail: ivanvol@mail.ru

1 füge bei/hänge an

---

5 Найди немецкие эквиваленты русских стандартных выражений.

Уважаемый господин…   Wir bitten Sie,…

Мы приглашаем Вас…   In Beantwortung Ihres Briefes vom …

В ответ на Ваше письмо от…   Leider müssen wir Ihnen mitteilen …

(Мы) рады сообщить Вам,…   Sehr geehrter Herr …

Мы просим Вас …   Wir laden Sie ein …

К сожалению, мы должны сообщить Вам,… Wir freuen uns, Ihnen mitteilen zu können, …

---

6 Представь себе, ты руководитель веб-студии *Графика*. Напиши письмо-ответ Ивану в своей тетради.

1 Прослушай текст. Выбери и отметь правильный ответ.

Виктор рассказывает

А ☐ о школе.   Б ☐ о последних каникулах.   В ☐ о своей летней практике.

Родители подарили Виктору

А ☐ велосипед.   Б ☐ компьютер.   В ☐ поездку в Германию.

Летом Виктор

А ☐ проходил практику.   Б ☐ помогал своему отцу на даче.   В ☐ много играл на компьютере.

2 Соедини части предложений. Составь все возможные предложения.

1) Виктор говорит,
2) Алиса спросила меня,
3) Я сказала,
4) Мать попросила сына,
5) Друг из Москвы спросил,
6) Нина попросила подругу

а) что у меня была интересная практика.
б) есть ли в Германии лицеи.
в) что он хочет работать механиком.
г) чтобы он купил булочки.
д) дать ей интересный журнал.
е) как я провела каникулы.

| 1 | в | 2 | | 3 | | 4 | | 5 | | 6 | |

3 Дополни предложения подходящими по смыслу словами.

_____ – это ученик, который окончил школу.

После окончания школы можно учиться в ____е или в _____е.

Моя подруга хочет работать медсестрой в городской _____е.

Мы с ним долго беседовали. Он очень приятный и интересный _____.

В России большой _____ на специалистов инженерных профессий.

Сколько _____ей живёт в вашем городе?

4 Где работают менеджеры? Соедини части предложений. Напиши подходящие цифры.

① Я менеджер по туризму.   ② Я менеджер по рекламе.   ③ Я менеджер по персоналу.   ④ Я кризис-менеджер.

☐ Меня приглашают решать финансовые проблемы.
☐ Я работаю с людьми и ищу хороших специалистов.
☐ Я работаю в туристическом агентстве.
☐ Я работаю в рекламном агентстве.

Открой для себя мир искусства.

---

1 Найди и запиши русские слова.

Н	Т	Ю	Й	С	Э	Ч	С	И	У	И	Ь
Ш	Ч	Х	Ф	К	Т	Д	И	З	А	Й	Н
И	Д	В	Р	У	Щ	Р	О	О	Х	Х	Й
С	А	Х	Ш	Л	К	К	Б	Б	Ь	Г	Е
К	О	М	П	Ь	Ю	Т	Е	Р	Н	А	Я
У	Т	Л	Ф	П	Ш	Г	Ъ	А	Д	Р	Р
С	Ю	Г	Ю	Т	Л	И	Ш	З	А	Х	Ъ
С	Э	Р	З	У	Э	Г	Л	И	Х	И	Х
Т	Й	А	Ч	Р	Ы	Р	Ф	Т	Й	Т	И
В	Ю	Ф	З	А	И	А	З	Е	Ю	Е	Ф
О	С	Ф	В	Й	Э	Ф	Л	Л	Э	К	Ф
Ф	Ж	И	В	О	П	И	С	Ь	А	Т	О
Ц	Й	Т	Б	Ж	Х	К	Э	Н	Л	У	Г
Г	Р	И	Н	П	Й	А	Т	Ы	Ч	Р	Г
Щ	Т	Е	Й	Х	Ч	М	Т	Й	Ж	А	Ь

---

2 Выбери подходящие слова и напиши их в правильной грамматической форме.

произведения живописи

тогда

изображать портрет

картина

впервые

картина

коллекционер

знакомство

коллекция

знаменитый живописец

измениться

Искусство на почтовых марках

_____ почтовая марка появилась в 1840 году в Англии.

_____ на марках _____ императоров или гербы стран.

Через два года появились первые _____ марок и

темы рисунков. Одной из любимых тем коллекционеров стали марки с _____

_____. На этих марках можно увидеть _____

таких _____, как С. Рафаэ́ль, Ре́мбрандт,

П. Ру́бенс, П. Пика́ссо и многих других. Искусство на почтовых марках это не только любимая

тема _____, но и возможность

_____ с _____ из лучших музеев стран

мира для всех людей.

3 **Дополни предложения выражениями в правильной грамматической форме.**

М Эрмитаж – <u>один из самых известных музеев</u> искусства в мире. (известный музей)

1. Саша и Клара – _____

_____ нашей школы. (спортивный ученик)

2. Московская телебашня – _____

_____ мира. (высокое здание)

3. Любовь – _____

_____ литературы. (популярная тема)

4. Красная Поляна – _____

_____ россиян. (любимый курорт)

5. Новгород – _____

_____ России. (старый город)

Московская телебашня

4 **От каких знакомых тебе слов образованы эти существительные?**
Напиши их. Потом напиши немецкое значение этих существительных.

М	молодость	молодой	Jugend(zeit)
-ость	верность		
	честность		
	особенность		
-ство	творчество		
	богатство		
	соседство		
-ние	решение		
	приглашение		
	рисование		
-ота	высота		
	быстрота		
	чистота		
-тель	любитель		
	покупатель		
	житель		

5 **Посмотри на фотографию и опиши её.**

• Regenschirm
зонт, зо́нтик

Алекса́ндр Петрося́н, Выпускни́цы, Россия, 2009 г.

Фотография называется _____

Автор этой фотографии – _____

Это известный фотограф (фотожурналист) из _____

Фотограф сфотографировал _____

_____

На переднем плане фотографии _____

_____

_____

На заднем плане фотографии _____

_____

В центре фотографии _____

На левой стороне фотографии _____

_____

На правой стороне фотографии _____

Мне (не) нравится фотография, потому что _____

_____

Фотография создаёт _____ настроение.

Фотография вызывает чувство _____

6 Представь, что ты получил(а) от твоего друга (твоей подруги) из России письмо, в котором он (она) спрашивает тебя, что такое *East Side Gallery* в Берлине. Прочитай текст и ответь на вопросы твоего друга (твоей подруги).

2 А
2 Б
2 В

Die East Side Gallery ist der größte und bekannteste erhaltene Rest der Grenzanlagen der Berliner Mauer in Berlin-Friedrichshain zwischen dem Berliner Ostbahnhof und der Oberbaumbrücke entlang der Spree.
Die Bemalung der East Side Gallery war eine spontane künstlerische Aktion von 118 Künstlern aus 21 Ländern, die ihre Wurzeln in den politischen Umbrüchen der damaligen Zeit und dem Fall der Mauer hatte. Die Künstler kommentierten in gut 100 Gemälden die politischen Veränderungen der Jahre 1989/90. Im September 1990 wurde die Galerie eröffnet. 1991 wurde der als East Side Gallery benannte Mauerstreifen unter Denkmalschutz gestellt. Die East Side Gallery mit ihren 1316 Metern Länge ist die längste dauerhafte Open-Air-Galerie der Welt. Sie ist nach dem Brandenburger Tor der zweitbeliebteste Anziehungspunkt für Berlinbesucher. Ab einer Gruppengröße von 10 Personen wird eine Führung angeboten. Professionelle Insider der Künstlerinitiative East Side Gallery erzählen die Geschichten, die die East Side Gallery zu einem besonderen Berliner Ort machen.

1. Когда была открыта эта «галерея»? _____

2. Где она находится? _____

_____

3. Чьи произведения искусства там можно увидеть? _____

_____

4. Что особенного в этой выставке? _____

_____

5. Для кого проводятся экскурсии? _____

_____

7 Прослушай текст об известном советском живописце, графике, скульпторе и фотографе Алекса́ндре Миха́йловиче Ро́дченко. Выбери правильные ответы.

1. А. М. Родченко был основателем дизайна и рекламы в СССР. ☐
2. Он не любил фотографировать людей. ☐
3. Он говорил, что творчество – это огромный эксперимент. ☐
4. Его фотографии выставлялись только на российских выставках. ☐
5. Главное в его работах – это минимум средств. ☐

1 Скульптуры из песка[1]

а) Прочитай текст.

Скульптуры из песка – это красивое искусство, но не на долгое время. Это не слабость, а особенность, как говорят те, кто любит этот необычный жанр искусства. Уже второй раз на территории музея-заповедника Коло́менского недалеко от Москвы проводится международный конкурс-выставка по скульптуре из песка. Два года назад скульпторы из разных стран мира создали восемь шедевров из песка, каждый высотой три метра. В центре стояла самая высокая скульптура – шесть метров – скульптура московского кня́зя[2] Ива́на Калиты́.

С 30 апреля скульпторы из России, США, Индии, Дании, Италии, Голландии, Испании, Чехии, Ирландии, Болгарии, Украины, Бельгии создадут за одну неделю под открытым не́бом[3] двенадцать шедевров из песка, на тему *Вели́кие[4] моменты человечества*.

Со 2-го мая выставка откроется для посетителей, и они смогут увидеть, как создаются эти необычные скульптуры. Выставка будет интересна людям всех возрастов.

Для маленьких посетителей здесь есть большая песо́чница[5], где будут проводиться конкурсы по скульптуре из песка для детей.

Па́вел Задани́к, один из организаторов конкурса, который пять раз был чемпионом мира по скульптуре из песка, сказал журналистам, что скульптуры из песка учат нас цени́ть[6] настоящее. Они живут не долго, но они не менее важны, чем, так называемые, «ве́чные[7] шедевры мирового искусства».

1 Sand   2 Fürst   3 Himmel   4 große   5 Sandkasten   6 schätzen   7 ewige, langlebige

б) Выбери правильный ответ.

1. Международный конкурс-выставка по скульптуре из песка проводится …

☐ первый раз.   ☐ второй раз.   ☐ третий раз.

2. Скульптуры будут создаваться …

☐ 12 недель.   ☐ 3 недели.   ☐ одну неделю.

3. Выставка будет интересна …

☐ всем.   ☐ только взрослым.   ☐ только детям.

в) Выпиши из текста все существительные с суффиксами *-ство, -ость, -ота, -тель.*
От каких тебе знакомых слов они образованы?

_____

_____

1 **а) Дополни текст подходящими по смыслу словами и словосочетаниями.**
Напиши их в правильной грамматической форме.

креативный

защитить/защищать

история искусства

экзамен

свои картины

зарабатывать на жизнь

Студенты факультета изобразительного искусства и дизайна много занимаются перед

экзаменом. На пятом курсе[1] они должны _____ дипломную работу. Для этого

нужно хорошо знать _____. Многим молодым художникам трудно

_____ только своим творчеством. Человек искусства должен быть

_____ Каждый художник мечтает выставить _____ в престижной галерее.

1 курс = 2 Semester

б) Определи грамматические формы, которые ты использовал(а). Объясни их употребление.

M экзаменом – Substantiv m. Sg. Instrumental, Präposition *перед (кем? чем?)*

2 **а) Посмотри на картинки и придумай к ним историю.**

_____

_____

_____

_____

_____

_____

_____

б) Придумай продолжение истории.

3 Напиши свои ассоциации к этим словам.

картина _____

архитектура _____

фотограф _____

живопись _____

скульптор _____

4 Сегодня почти у каждого человека есть компьютер и мобильный телефон.
Когда мы покупаем ноутбук или мобильный телефон, мы выбираем дизайн десктопа или дисплея.
Картинки (Фотографии) на нашем десктопе (дисплее) — это часто настоящее искусство.
Опиши, что изображено на твоём десктопе.

1. Какая у тебя картинка (фотография)?

_____

2. Какие цвета на нём?

_____

3. Сколько символов на твоём десктопе (дисплее) и где они находятся (справа, слева и т. д.)?

_____

4. Как часто ты меняешь дизайн?

_____

5 Придумай и задай вопросы спрейеру, который нарисовал эту картину. Напиши эти вопросы.

_____

_____

_____

_____

6 Представьте, что вы хотите организовать необычную выставку.
Подготовьте презентацию или плакат по следующим пунктам.

– тема вашей выставки

– что там можно посмотреть

– что особенного в вашей выставке

– когда и где она состоится

– кого вы пригласите на выставку

1 На выставке современного искусства учительница рассказывает ученикам о картинах Леони́да Афре́мова. Прослушай её рассказ и найди картину, которую она описывает. Напиши её название. Потом придумай названия к другим картинам.

1. _____   2. _____

3. _____   4. _____

2 Выбери и подчеркни правильный ответ.

1. Мы долго стояли перед картиной (Ива́ном Айвазо́вским, Ива́на Айвазо́вского, Ива́н Айвазо́вский).

2. Эта галерея знаменита коллекцией картин (Илью́ Ре́пина, Ильёй Ре́пиным, Ильи́ Ре́пина).

3. Больше всех мне нравится художник (Казими́ру Мале́вичу, Казими́р Мале́вич, Казими́ра Мале́вича).

4. Когда художнику (Васи́лием Вереща́гиным, Васи́лию Вереща́гину, Васи́лия Вереща́гина) было 18 лет, он начал учиться в петербургской Академии художеств.

1 Образуй все возможные словосочетания. Соедини слова. Дополни окончания.

грязн_____   организация

озонов_____   энергия

солнечн_____   эффект

альтернативн_____   система

парников_____   батарея

эффективн_____   воздух

экологическ_____   дыра

2 Угадай и напиши эти слова.

иколгосэкичей _____   ныстуйрг   _____

идепритяпер _____   ясшыдить   _____

трасобь _____   барьтувы   _____

шурзарать _____   заньтягярз _____

3 Дополни текст подходящими по смыслу словами из упр. 2 в нужной грамматической форме.

Дедушка говорит внуку:

– Наши большие _____ и автомобили _____

воздух. Здесь в городе мне трудно _____.

Люди _____ леса, _____ мусор в реку,

_____ природу.

Мне _____, когда я думаю об _____

кризисе.

4 Образуй из частей слов глаголы и дополни ими текст.

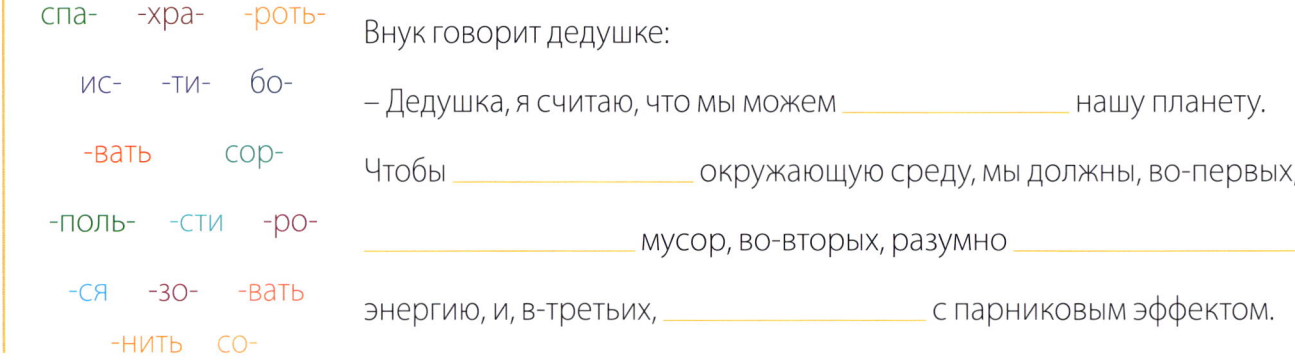

спа-   -хра-   -роть-

ис-   -ти-   бо-

-вать   сор-

-поль-   -сти   -ро-

-ся   -зо-   -вать

-нить   со-

Внук говорит дедушке:

– Дедушка, я считаю, что мы можем _____ нашу планету.

Чтобы _____ окружающую среду, мы должны, во-первых,

_____ мусор, во-вторых, разумно _____

энергию, и, в-третьих, _____ с парниковым эффектом.

5 Человек и природа

а) Преобразуй словосочетания по образцу.

Ⓜ *использовать* солнечную энергию – солнечная энергия *используется*

поддерживать организацию _____

разрушать природу _____

вырубать леса _____

ухудшать ситуацию _____

б) Составь словосочетания по иллюстрациям и преобразуй их по данному в упр. 5а образцу.

_____   _____

_____   _____

6 **Как это сказать по-русски?**

Schreibe auf, dass

– in Deutschland der Müll seit Anfang der 90er Jahre des 20. Jahrhunderts sortiert wird.

_____

– die Flüsse von großen Industriebetrieben verschmutzt wurden.

_____

– in vielen Ländern die Wälder abgeholzt werden.

_____

– sich die ökologische Situation unseres Planeten von Jahr zu Jahr verschlechtern wird.

_____

_____

_____

– verschiedene Umweltorganisationen durch Schüler deiner Schule unterstützt werden.

_____

_____

7 ЭКО-слова

а) Объясни значение этих слов по-немецки.

б) Какие немецкие слова с приставкой *Öko-* ты знаешь? Переведи их на русский язык.

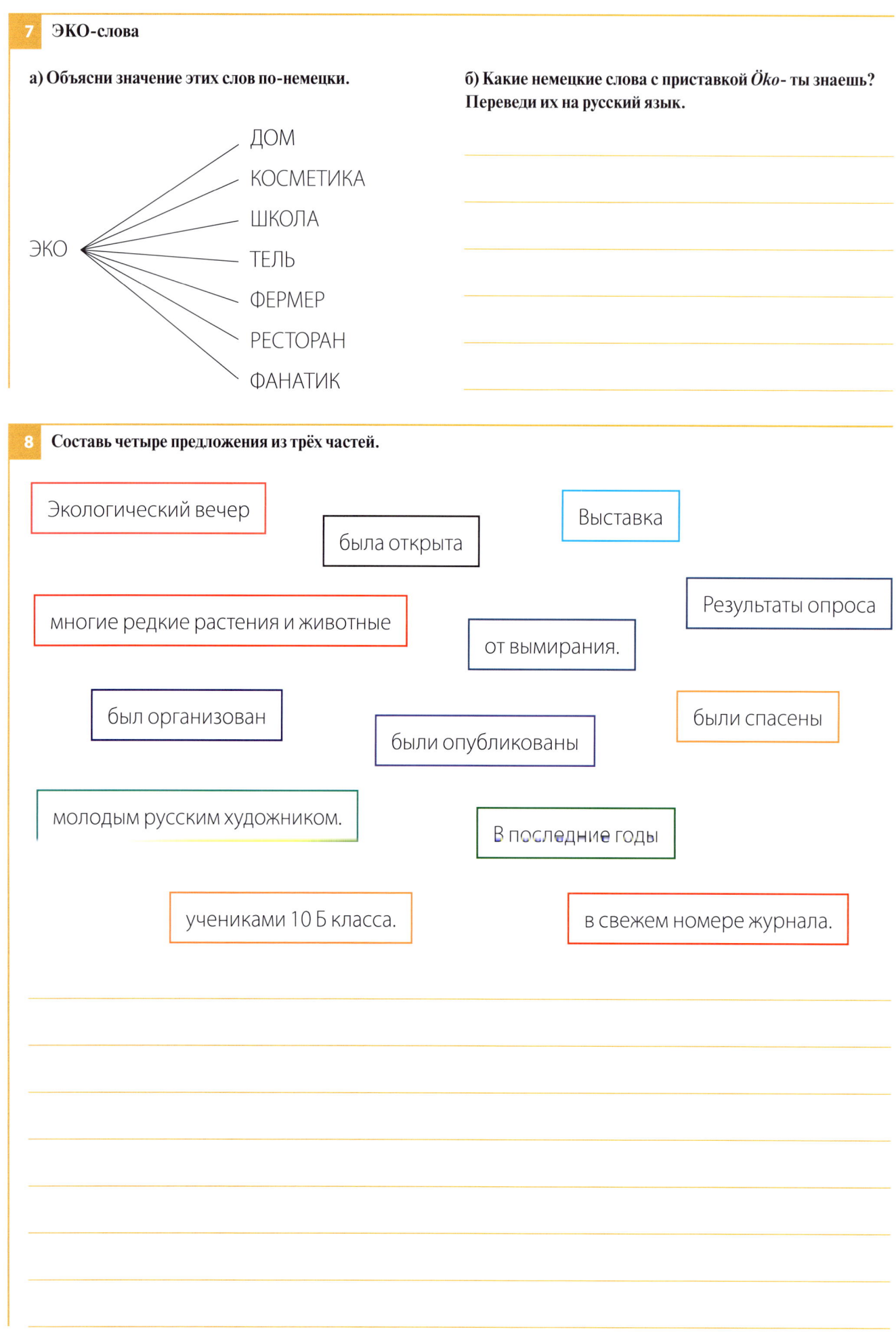

ЭКО
- ДОМ
- КОСМЕТИКА
- ШКОЛА
- ТЕЛЬ
- ФЕРМЕР
- РЕСТОРАН
- ФАНАТИК

8 **Составь четыре предложения из трёх частей.**

Экологический вечер

была открыта

Выставка

многие редкие растения и животные

Результаты опроса

от вымирания.

был организован

были опубликованы

были спасены

молодым русским художником.

В последние годы

учениками 10 Б класса.

в свежем номере журнала.

а) Какая из этих диаграмм соответствует результатам опроса радиостанции?

б) Дополни диаграммы.

А

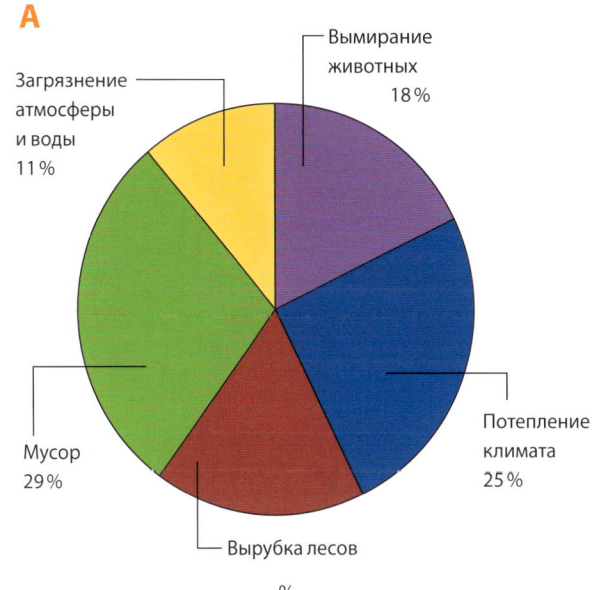

Вымирание
животных
18 %

Загрязнение
атмосферы
и воды
11 %

Мусор
29 %

Вырубка лесов
_____ %

Потепление
климата
25 %

Б

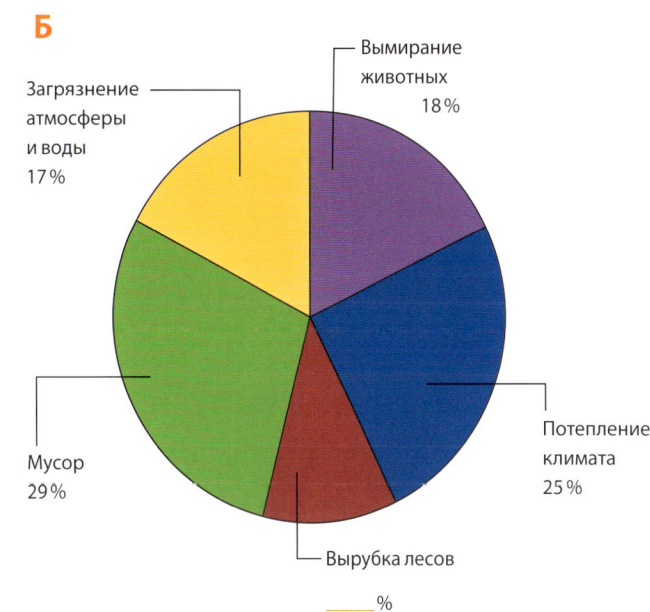

Вымирание
животных
18 %

Загрязнение
атмосферы
и воды
17 %

Мусор
29 %

Вырубка лесов
_____ %

Потепление
климата
25 %

10 Прочитай информацию об отношении европейской молодёжи к окружающей среде. Напиши своё мнение. Ты можешь использовать выражения из учебника на стр. 37.

Только 6 % молодых людей в Испании активно поддерживают «зелёные» организации.

85 % молодых немцев сортируют мусор.

Каждый четвёртый молодой человек в Европе не знает, какие у нас есть возможности спасти нашу планету.

62 % молодых европейцев думают, что СМИ не говорят правду об экологической ситуации на нашей планете.

17 % молодых людей говорят о проблемах природы с родителями.

Более 40 % молодёжи считают, что бороться с парниковым эффектом невозможно.

1 Прочитай текст *Редкая кошка в опасности* со словарём.

а) Расположи предложения в логической последовательности.
б) Расскажи своему другу (своей подруге), который (которая) не знает русского языка, об этом животном.

А) Потому что человек вырубает леса, в которых живут дальневосточные леопарды. Официально охота на леопардов запрещена,

Б) дальневосточный леопард в *Красной книге*. Последние 30 леопардов живут на небольшой

Г) Дальневосточный леопард – самая редкая кошка планеты. К сожалению,

Е) территории тайги, недалеко от границы с Китаем и Кореей. У этого леопарда особенно красивый мех. Жизнь прекрасной и редкой кошки в опасности. А почему?

Д) но охо́тники-браконье́ры[1] убивают этих леопардов, потому что их мех стоит тысячи долларов. Чтобы охранять жизнь леопарда и других редких животных,

В) надо поддерживать проекты по сохранению дальневосточного леопарда.

Ж) в тайге создаются заповедники. Но тайга большая, и контролировать ситуацию очень трудно. Поэтому

1 Wilderer

1	2	3	4	5	6	7

2 Спасите животных!

а) Прочитай и переведи газетное объявление со словарём.
б) Объясни по-немецки, о чём идёт речь.

ЕГО ЖИЗНЬ ВАЖНЕЕ ШУБЫ!

Для изготовления одной шубы убивают:
60–70 соболей, 10–20 рысей, 10–20 лисиц, 30–40 енотов,
30–70 норок, 100–200 шиншилл, 200–400 белок.

СОХРАНИТЕ ИМ ЖИЗНЬ! НЕ ПОКУПАЙТЕ МЕХ!

1 Прочитай стихотворение.

а) Переведи это стихотворение
на русский язык.
б) Тебе нравится это стихотворение?
Почему?
в) А что тебя беспокоит?

Die Weltenuhr

Stellt Euch vor, die Erde
wurde vor 24 Stunden erschaffen.
Um 6 Uhr in der Früh
kam der Regen, um die Meere zu machen.
Um 8 Uhr wurde dann in diesen Seen
das Leben zum ersten Mal gesehen.
Die Dinosaurier erschienen vor 70 Minuten,
um 20 vor 12 Uhr wurden sie leider schon wieder gerufen.
Der Mensch erschien gerade
einmal vor einer Minute.
Und fing nach 30 Sekunden etwa an,
seine Position zu verändern und zu stehen.
Seht was die Menschen angerichtet haben
in den 30 Sekunden, die sie über die Erde gehen.
Die Uhr der Erde tickt und der Alarm beginnt zu schlagen.
‚Wie lange soll es noch so weiter gehen?'
musst du dich fragen.

(Claudio v. Heereman, nach Pat Moon)

2 Проинтерпретируй фотографию.

а) Опиши фотографию.
б) Какая главная идея выражена в этой фотографии?

3 Составь акростих со словами на тему *Защита окружающей среды*.

М

Г
Р   М
Я   У
З   С
Н А Ш   О Б Щ И Й   Д О М
Ы   Р
Й

Объясни своему русскому другу (своей русской подруге), что ученики школы
имени Гёте в Дюссельдорфе хотят делать для защиты окружающей среды.

Goethe-Schule Düsseldorf

Persönliche Umweltschutzerklärung

Ich verpflichte mich,

1. mich über den Klimawandel zu informieren.
2. sparsam mit Licht und Wasser umzugehen.
3. Umweltpapier und energiesparende Geräte zu benutzen.
4. Müll zu trennen.
5. wenn möglich, mit dem Rad zu fahren, zu Fuß zu gehen
   oder die öffentlichen Transportmittel zu benutzen.
6. lokale Produkte zu kaufen.

| Datum | Name | Unterschrift |

5 А что мы делаем?

Напиши текст о проектах по охране природы в твоём родном городе или регионе.
Следующие выражения помогут тебе.

1 Составь предложения. Обрати внимание на форму причастия.

А)

основаны российскими учениками и студентами   было

были   Новые организации   по защите природы

Б)

В Париже   было   была   закончена

были   экологическая конференция

В)

был   «Русский лес в наше время»   Выставка

открыта русским художником   была

Г)

политиками   поддержано   по спасению нашей планеты

был   Проект   поддержан

2 Прочитай текст. Заполни пропуски. Запиши в таблицу нужные буквы.

С ноября 1992 года отмечается международный *День без покупок* (Buy Nothing Day). В этот день активисты экологических организаций проводят разные акции протеста. Они призыва́ют[1] людей не ходить по магазинам.

Вы тоже можете участвовать в этой акции. Это очень просто. Проведите один день без шопинга, а с семьёй и друзьями. Месседж такой: покупайте меньше – живите больше!

День без покупок тоже помогает (1) природу. Меньше шопинга – значит меньше (2). Меньше мусора – значит меньше (3) для (4) и здоровья человека. Это (5) цель такого дня.

День без покупок – это (6), которая (7) в последнюю субботу ноября во многих странах мира. Попробуйте один день жить по-другому. Помогите себе, помогите (8)!

1 rufen auf

A опасности
Б экологическая
В мусора
Г природе

Д окружающей среды
Е акция
Ж проводится
З сохранить

1	2	3	4	5	6	7	8

На вкус и цвет товарищей нет.

---

1 **Кроссворд**

По вертикали

1. текст, написанный в рифму

2. висит на сцене в театре

3. книги о том, чего в жизни не бывает

4. он пишет музыку

5. книга или фильм о преступле́ниях[1]

7. он пишет стихи

8. он приходит в театр или на концерт

10. длинный литературный текст

1 Verbrechen

По горизонтали

6. результат авторского творчества

9. часть произведения

11. произведение, в котором герои говорят по ролям

12. жанр литературы, поэтические произведения одного автора

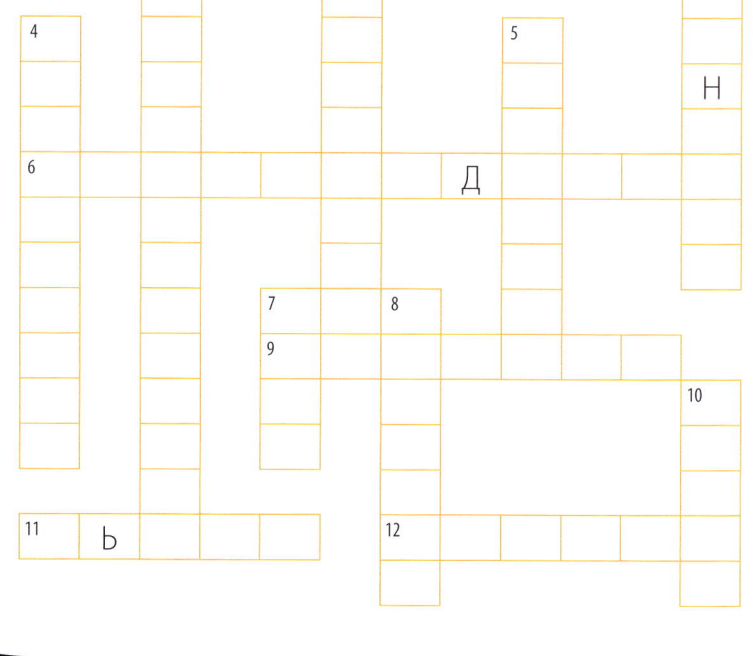

2 **Напиши, кого и что ты видишь на картинке.**

3 **Впиши в e-mail нужные слова из упр. 1 в правильной форме.**

Привет, Таня ☺!

Сегодня мы закончили анализ_____ из _____ *Вишнёвый сад* и начали новую тему. Сначала мы повторили, что такое _____, какие поэтические _____ нам особенно нравятся, каких _____ мы уже знаем.

Многие сказали, что они любят читать не лирику, а _____ или _____.

Тогда учительница прочитала нам несколько _____,

и мы их обсудили. К следующему уроку нам надо выучить одно стихотворение Пушкина наизусть ☹☹☹.

4 Прочитай диалог. Расположи предложения в логической последовательности.

1 *А:* Привет! Ну, что будем делать на выходных?

☐ *Б:* Знаешь, я не очень люблю поп-музыку, вот если это был бы рок-концерт…

☐ *А:* Давай тогда посмотрим театральные афиши и выберем какую-нибудь интересную пьесу.

2 *Б:* Привет! У меня пока никаких планов нет. Давай пойдём куда-нибудь?

☐ *А:* На рок-концерт мы уже ходили. А хочешь пойти в театр?

☐ *А:* Я сегодня видел афишу группы *Serebro*. Давай пойдём на их концерт.

☐ *Б:* В театр? Хорошая идея! Я уже очень давно не была в театре.

☐ *Б:* Хорошо, так и сделаем.

5 Прочитай отрывок из письма. Вставь слова, указанные в скобках, в правильной грамматической форме.

Здравствуй, дорогая моя Алёна!

Хочу поговорить с тобой о (жизнь) _____ . По-моему, надо всегда находить время для (радость) _____ и (любовь) _____ .

Это очень важно в (жизнь) _____ . Иногда ты услышишь одно доброе слово, и у тебя появляется (любовь) _____ к (жизнь) _____ . Можно сказать, что без (любовь) _____ нет (жизнь) _____ . Надо делать всё, чтобы не потерять (любовь) _____ , а то в (жизнь) _____ твоей не будет (радость) _____ .

Целую тебя крепко.

С (любовь) _____ ,

твоя Лиза.

6 Послушай, как представляют программу литературно-музыкального вечера. Запиши, что будет сегодня на вечере.

_____

_____

_____

Составь предложения.

1. Если бы у меня был день рождения,   ☐   я бы пошёл (пошла) на него.
2. Если бы мой друг пришёл в гости,   ☐   я бы его обязательно купил(а).
3. Если бы концерт начался в 8 часов,   ☐   мы слушали бы музыку.
4. Если бы эту пьесу показывали в нашем театре,   ☐   мне подарили бы новый плеер.
5. Если бы вышел новый диск *Земфиры*,   ☐   я бы её, конечно, посмотрел(а).

8 **Прочитай, что нужно сделать. Составь предложения по образцу.**

Делай уроки!

Выучите стихотворение наизусть!

Артём, поставь стулья для зрителей!

1. мама (хотеть)   2. учительница (требовать)   3. Вика (просить)

Спектакль начинается. Не разговаривайте!

Купи билеты на балет!

Вика, принеси мне новый роман Пелевина!

4. зритель (просить)   5. подруга (хотеть)   6. Максим (хотеть)

Ⓜ   1. Мама хочет, <u>чтобы</u> я делал уроки.

9 **Составь предложения с союзом *что*.**

1. Эта книга очень интересная. Так считает мой друг.

_____

2. Билеты на спектакль ещё есть. Моя подруга в этом сомневается.

_____

3. Сегодня вечером будет концерт группы *Сплин*. Фанаты знают об этом.

_____

4. Эта певица очень талантлива. Так думает Вика.

_____

5. Эту пьесу показывают только завтра. Об этом слышала моя мама.

_____

6. Этот режиссёр снял много фильмов. Так кажется Максиму.

_____

10 **Угадай и напиши слова.**

На уроке литературы мы читаем СРАЗЫСКА и ЫСПЕЬ.   _____

Мы пишем ИЦНИТЕРЕПТАРЮ стихотворения.   _____

Мы должны описать свои ЧВЛЕАЯТЕПНИ.   _____

Ещё надо сказать, что мы думаем о ЕНПОРЖСАХА.   _____

11 **Что показывают эти фотографии? Проинтерпретируй их.**

На левой картинке _____

_____

_____

_____

На правой картинке _____

_____

_____

1 Прочитай текст.

Любовь ли это?

Зачем мы начали этот разговор? Не знаю. Иногда лучше
ничего не говорить. Мы стояли у входа в театр: Женя и я,
наш первый вечер вместе. И вдруг она спросила меня:
«Наверно, любви на всю жизнь нет?» Я не знал,
почему она об этом спрашивает. Я подумал, что, наверное,
она права, и согласился.

Ведь Женя была у нас не только самая красивая, но и самая у́мная[1] в классе.
Она прекрасно выглядела в своём чёрном платье, и я не хотел, чтобы она думала,
что я ничего не понимаю в жизни. Я сказал: «Да, мы действительно влюбляемся и думаем,
что другой – самый хороший человек в мире. Но это же глупо. На самом деле так быть
не может. Например, мы с тобой. Мы же не можем быть самыми хорошими, это же смешно́[2]».
Я сказал это и в тот же момент понял, что это, может быть, и правильно, но совсем
не надо было говорить об этом сегодня, в этот первый вечер вместе…

1 klug   2 lächerlich

а) Придумай другой заголовок для текста.

_____

б) Расскажи эту историю с перспективы Жени.

в) Что происходит дальше? Напиши в тетрадь конец этой истории.

2 Переведи следующие предложения на русский язык.

Das Buch hat mir gut gefallen, weil der Autor interessante Personen beschreibt.

_____

_____

Der Roman handelt von einem Studenten aus Sankt Petersburg.

_____

Das Konzert war nicht so interessant, weil es nicht mein Musikstil ist.

_____

_____

Der Autor beschreibt in seinem Roman die Gefühle der Hauptheldin Anna Karenina.

_____

_____

1 Прослушай диалог у билетной кассы и отметь, какие высказывания правильны (п), а какие неправильны (н).

	п	н
1		
2		
3		
4		
5		
6		
7		
8		

1. Пьеса *Вишнёвый сад* идёт только в одном театре.

2. Эту пьесу показывают в Большом Драматическом театре.

3. Пьесу можно посмотреть утром или вечером.

4. Молодой человек хочет купить билеты на субботу.

5. На пятницу и субботу билетов уже нет.

6. Есть дорогие билеты на воскресенье.

7. Билеты на воскресенье – в 7-м ряду партера, почти в центре.

8. Молодой человек покупает билеты.

2 Прочитай афишу. Передай её основное содержание по-немецки.

3 Твоя подруга ещё плохо говорит по-русски. Помоги ей.
Напиши вопросы, которые она может задать кассиру театральной кассы.

Sie will 2 Karten für die *Drei Schwestern* von A. Tschechow am Donnerstagabend kaufen, die Plätze sollen nebeneinander sein, möglichst in den ersten Reihen. Sie fragt auch nach dem Preis.

4 Прочитай, что ребята думают о песне *Моё сердце* группы *Сплин*. Переделай их высказывания в предложения с союзом *что* и скажи, с кем ты (не) согласен/согласна и почему.

Эта песня слишком простая.

1. Наталья (думать)

Мелодия слишком монотонная.

2. Коля (считать)

Слова песни простые и понятные.

Эта песня очень позитивная.

3. Женя (казаться)

4. Ксюша (думать)

Она хорошо описывает чувства.

Музыка создаёт хорошее настроение.

5. Давид (считать)

6. Витя (сомневаться)

_____

_____

_____

_____

_____

_____

_____

5 Напиши о своём отношении к литературе или к музыке.

– Какие книги ты любишь читать? Кто твой любимый автор?

– Какую музыку ты любишь слушать? У тебя есть любимый певец (любимая певица или группа)?

1 Составь предложения.

так / слушала / не / я / мама / чтобы / поздно / просит, / музыку

_____

фэнтези / чем / мне / что / интереснее, / кажется, / детективы

_____

_____

радости, / билеты / к / концерт / мы / Земфиры / купили / моей / на

_____

2 Прочитай текст. Заполни пропуски. Запиши в таблицу нужные буквы.

Я люблю читать (1) Чехова, потому что в них часто (2) идёт о характере человека.

У меня часто создаётся (3), что я знаю людей, о которых пишет Чехов.

На (4), это хорошо, что он всегда с юмором описывает даже неприятные ситуации.

Он (5), что иногда в жизни не всё так идеально, как кажется. Я считаю,

что (6) его рассказов в том, что мы (7) себя в этих рассказах.

А	узнаём
Б	мой взгляд
В	такое впечатление
Г	точно показывает

Д	смысл
Е	речь
Ж	рассказы

1	2	3	4	5	6	7

3 Посмотри на картинку.

Как ты думаешь, о чём идёт речь в этом произведении?

_____

_____

_____

_____

_____

_____

_____

Изучаем дедов — узнаём внуков.

---

1 Кто или что это? Дополни таблицу.

Памятник	– это достопримечательность, например, скульптура, которая изображает что-нибудь или кого-нибудь.
Социализм	
	– это человек, который работает в сельском хозяйстве.
Эмигрант	
	– это синоним к слову *страна*.
Политик	
	– это изменения в различных сферах общества.

---

2 Найди подходящие пары и составь предложения.

А) Советский Союз		1721–1917 гг.
Б) Российская Федерация		1922–1991 гг.
В) Московское государство		с 1991 года
Г) Киевская Русь	Г	882–1240 гг.
Д) Татаро-монгольское иго		1480–1721 гг.
Е) Российская империя		1243–1480 гг.

Ⓜ Период Киевской Руси продолжался с 882 по 1240 год.

---

3 Напиши к подчёркнутым причастиям инфинитив глагола и перевод словосочетаний.

1) <u>наводящий</u> порядок князь _____

2) крестьяне, <u>получившие</u> свободу _____

_____

3) <u>модернизировавший</u> Россию Пётр I _____

_____

4) <u>побеждающие</u> солдаты _____

5) армия, <u>занявшая</u> Берлин _____

6) <u>начинающаяся</u> перестройка _____

4 Вставь в предложения подходящие существительные.

Ленин

крестьяне

Великая Отечественная война

правительство

Иван III

1. _____, получившие свободу в 1861 году, могли покупать землю.

2. _____, сформировавшееся после революции,

начало проводить новую политику.

3. _____, вернувшийся в Россию, организовал революцию.

4. _____, начавшаяся в 1941 году,

закончилась капитуляцией Германии.

5. _____, победивший татаро-монголов, стал царем в Москве.

5 Прослушай разговор об экскурсии по Санкт-Петербургу.

а) Что это? Дополни таблицу объяснениями.

Исаакиевский собор	
Нева	
Зимний дворец	
Летний сад	
Эрмитаж	

б) Какие достопримечательности, названные выше (см. упр. 5а), ты видишь на фотографиях?
Назови достопримечательность и номер фотографии.

6 **Пазл из слов. Найди и напиши подходящие слова.**

государство	иностранец	царствование
Юрий	личность	армия	СССР
реформировать	большевик	княжество

1. человек из партии Ленина _ _ _ _ _ _ _ _ _
2. период, когда у власти находится царь _ _ _ _ _ _ _ _ _ _ _ _
3. другое название Советского Союза _ _ _ _
4. человек из другой страны _ _ _ _ _ _ _ _ _ _
5. синоним к слову *страна* _ _ _ _ _ _ _ _ _ _ _
6. изменять что-то _ _ _ _ _ _ _ _ _ _ _ _
7. человек, персона _ _ _ _ _ _ _ _
8. имя Гагарина _ _ _ _
9. небольшое государство князя _ _ _ _ _ _ _ _ _
10. все солдаты одной страны _ _ _ _ _

Имя какой личности получается? _____

---

7 **Вставь подходящие по смыслу слова.**

Первый период российской истории называется _____.

Во время татарского ига Россия была разделена на разные _____.

Период Московского государства продолжался

_____.

А с 1721 года Россия стала называться Российской

_____.

Октябрьская _____ была началом

строительства социализма в России. Новое государство,

сформированное большевиками, называлось _____.

В 1985 году М. С. Горбачёв начал _____,

которая привела к распаду _____.

Первым Президентом Российской Федерации был

_____.

Б. Н. Ельцин

8 Посмотри на фотографии и прочитай подписи.

а) Что подходит?

1	2	3	4	5	6
И. В. Сталин	М. С. Горбачёв	В. И. Ленин	Александр II	Николай II	Екатерина II

А) немцы в России **6**

Б) последний царь Российской империи ☐

В) Октябрьская революция 1917 года ☐

Г) 1861 год, отмена крепостного права в России ☐

Д) Великая Отечественная война 1941–1945 гг. ☐

Е) перестройка в СССР ☐

б) Что ты можешь сказать о роли этих личностей в истории России?
Составь предложения по образцу. Используй словосочетания из упр. а) и следующие глаголы.

находиться у власти   быть   начать   организовать   пригласить

отменить

M Екатерина II пригласила немцев в Россию.

_____

_____

_____

_____

_____

9 Распредели социальные классы в России XIX века в пирамиду по их социа́льному ста́тусу[1].
Объясни, какие проблемы могут быть в таком обществе.

дворяне (1 %)

крестьяне и рабо́чие[2] (85 %)

буржуазия (14 %)

царская семья

1 soziale Stellung
2 ср. работать

1 Гости из будущего

Археологи часто находят разные исторические документы и предметы:
книги, одежду, посуду, монеты. И всё это даёт им информацию о том,
как жили люди много лет и даже веков назад. Но что будет, если археологи
из будущего придут в наши дома? Что они будут думать о нас?

а) Прочитай диалог между профессором-археологом и его студенткой.

– Смотрите, что за странную обувь они носили.
Наверное, это был такой штраф: несколько дней ходить в этой обуви.

– А вот это тоже очень интересный предмет. Я уже много раз
видел такую буты́лку[1] с надписью *Кола*. Наверное, это был очень
полезный напи́ток[2], который все пили.

– Да, да, а вот эти яйца с надписью *Шоколад* они тоже, кажется,
часто ели. Или это было частью их религии.

– Ну, я уже могу начать писать книгу «Как жили люди XXI-го
века», мы нашли столько интересного материала.

1 Flasche   2 Getränk

б) Что ещё найдут археологи из будущего?

в) Что они будут думать о том, как мы жили?

г) Напиши, как будут жить люди будущего, что они будут есть, что им будет интересно?

2 Дополни предложения. Используй следующие выражения.

это значит   то есть   это говорят   событие, которое   это личность, о которой

1. Повторение – мать учения – _____, когда надо хорошо выучить
какую-нибудь информацию.

2. В этой книге речь идёт о дворянах, _____ о группе людей, у которых
была земля и на которых работали крестьяне.

3. До 1861 года в России было крепостное право, _____,
что у крестьян не было свободы.

4. После революции 1917 года – _____ стало концом
царской России – к власти пришли большевики.

5. С 1922 года СССР руководил Сталин. _____ думают,
когда речь идёт не только о капитуляции Германии, но и о ГУЛАГе в СССР.

1 Прослушай текст и сделай заметки. Потом дополни предложения. 🎧

1. Москва для Петра Первого была образом

_____ .

2. Санкт-Петербург находится

_____ .

3. В 1703 году _____

_____ .

4. Многие крестьяне погибли, когда строили

новую столицу, но Пётр хотел, чтобы

_____ .

5. Сегодня туристы катаются на катерах по

_____ .

6. Ещё при жизни Петра Первого (1672–1725) его город

стал _____

Памятник Петру I в Москве

2 Объясни, кто или что это.

1) Николай II – _____ .

2) Пётр I – _____ .

3) Империя – _____ .

4) Екатерина Великая – _____

_____ .

6) Юрий Гагарин – _____ .

7) Ельцин – _____ .

3 Проведи опрос в своём классе. Выбери несколько одноклассников и спроси у них, 👥

а) какую личность российской или немецкой истории они считают интересной и почему?

б) что такое, по их мнению, хорошее правительство? Что оно должно делать, а чего оно делать не должно?

4 Перефразируй предложения. Используй вместо подчёркнутых слов и словосочетаний конструкцию со словом *который* или синонимы.

1. Пётр Первый, построивший в 1703 году Санкт-Петербург, быстро сделал его важным центром в Европе.

_____

_____

2. В Санкт-Петербурге вместе с русскими жили и живут люди из других стран.

_____

_____

3. Многие немцы, приехавшие в Россию, работали врачами или учителями немецкого языка.

_____

_____

4. Немецкие крестьяне, приглашённые царицей Екатериной Великой в Россию,

жили в основном на Волге или в Санкт-Петербурге.

_____

_____

5 Дополни схему об истории России.

личности   государства

история России

периоды   общество/люди

1 Подчеркни правильный вариант.

1. Мне очень нравятся книги, рассказавшая/рассказывающие/
рассказывающая об истории России.

2. Революционер, вернувшаяся/вернувший/вернувшийся из-за границы,
организовал в России революцию.

3. Памятник, находивший/находящий/находящийся в центре города,
очень красивый.

2 Прослушай предложения и отметь правильную дату крестиком. 🎧

1. Перестройка началась в

☐ 1985 году.   ☐ 1989 году.   ☐ 1990 году.

2. Крепостное право отменили в

☐ 1851 году.   ☐ 1861 году.   ☐ 1871 году.

3. Киев стал столицей Руси в

☐ 882 году.   ☐ 886 году.   ☐ 892 году.

Покровский женский монастырь в Киеве

3 Распредели следующие слова на периоды истории России.

царствование	президент	социализм
свободные выборы	СССР	крепостное право
большевик	демократическое государство	дворянин

Российская империя: _____

_____

Советский Союз: _____

Российская Федерация: _____

_____

1 Кроссворд

По вертикали

1. синоним к слову *интернациональный*

3. Многие студенты, которые учатся в другом городе, живут в …

4. В 2006 году А́нна Нетре́бко получила австрийское …

5. В 1985 году в СССР началась …

6. … Союз

По горизонтали

2. антоним к слову *свой*

7. глагол, от которого образовано существительное *интеграция*

8. В России с 18 лет каждый молодой человек (мужчина) должен служить в …

2 Прочитай биографию Влади́мира Мала́хова со словарём.

Владимир Малахов, родившийся и выросший в городе Криво́й Рог в Украине, стал одним из самых знаменитых танцоров балета нашего времени. Начав заниматься балетом уже в четыре года, он окончил в 1986 году Московское хореографическое училище и стал ведущим солистом московского классического балета. Оставшись в 1991 году во время гастролей за границей, в 1994 году Малахов получил австрийское гражданство, а в 1995 грин-карту в Америке. Переезжая из страны в страну, Владимир говорит, что по-настоящему он живёт только на сцене. Работая в настоящее время художественным директором балетной труппы Немецкой государственной оперы в Берлине, он руководит труппой, ищет новые таланты, утверждает репертуар и танцует сам. Руководимая им балетная труппа с большим успехом гастролирует по всему миру. Кроме того, Малахов является ведущим танцором Американского балетного театра в Нью-Йорке, почётным профессором училища хореографического искусства в Киеве и почётным гражданином этого города. Зрители, приходящие на постановки Малахова, всегда в восторге от выступлений его балетной труппы. Говоря о русском балете, который ещё очень консервативен, Малахов утверждает, что в нём уже заметны некоторые изменения. Его радует, например, приезд в Россию западных хореографов. Он говорит, что балет на Западе имеет совсем другой стиль, но « … нельзя зацикливаться на том, что ты классический танцор. Нужно пробовать всё. Даже если не получилось – всё равно интересно».

3 Выбери правильный ответ.

1. Владимир начал заниматься балетом …

☐ уже в пять лет и в 1988 году окончил Московскую хореографическую школу.

☐ уже в четыре года и в 1986 году окончил Московское хореографическое училище.

☐ уже в три года и в 1986 году окончил Киевское хореографическое училище.

2. Оставшись в 1991 году во время гастролей за границей, Малахов получил …

☐ в 1993 году американское гражданство, а в 1995 грин-карту в Австрии.

☐ в 1992 году грин-карту в Америке, а в 1995 гражданство в Австрии.

☐ в 1994 году австрийское гражданство, а в 1995 грин-карту в Америке.

3. В настоящее время он работает художественным директором балетной труппы

Немецкой государственной оперы в Берлине, а также …

☐ руководит труппой, ищет новых спонсоров, утверждает цены на билеты и танцует сам.

☐ руководит труппой, ищет новые таланты, утверждает репертуар и танцует сам.

☐ руководит спектаклями, ищет новые таланты, утверждает репертуар и не танцует сам.

4 Найди в тексте (упр. 2) все деепричастия и причастия и подчеркни их.
Потом выпиши их и дополни инфинитивы, от которых они образованы.

Ⓜ начав – начать   родившийся – родиться

_____   _____

_____   _____

_____   _____

5 Выпиши из текста предложения с причастиями. Измени их, используя слово *который*.

Ⓜ Руководимая им балетная труппа с большим успехом гастролирует по всему миру.
Балетная труппа, которой он руководит, с большим успехом гастролирует по миру.

_____

_____

_____

_____

_____

_____

_____

6 Вставь подходящее по смыслу деепричастие.

эмигрировав

тоскуя

выступая

воспользовавшись

приехав

1. _____ за сборную Германии, спортсмен занял третье место.

2. _____ в Москву, студенты сразу же пошли на Красную площадь.

3. _____ помощью учителя, ученик добился хороших результатов.

4. _____ по родине, он написал свой лучший роман.

5. _____ в Австрию, они так и остались там жить.

7 Найди в Интернете информацию о российских императрицах, которых ты видишь на картинках.

Екатери́на I

Екатери́на II

Елизаве́та Петро́вна

А́нна Иоа́нновна

Мари́я Фёдоровна

8 Найди на карте названия следующих географических мест и пронумеруй их.

☐ Крым

☐ Поволжье (река Волга)

☐ Сибирь

☐ Москва

☐ Санкт-Петербург

☐ Одесса

☐ Чёрное море

☐ Казахстан

☐ Астана́

9 Artjom ist dein neuer Mitschüler, der als Spätaussiedler erst seit zwei Monaten in Deutschland lebt und noch nicht so gut Deutsch spricht. Er möchte sich für einen Sportkurs einschreiben und hat dich um Hilfe gebeten. Vermittle zwischen ihm und dem Trainer.

Тренер: Max hat mir erzählt, dass du bei einem unserer Sportkurse mitmachen möchtest. Stimmt das?

Артём: Да, спорт очень важен для меня и поэтому я хочу снова им заниматься.

Тренер: Sehr gut. Welche Sportarten hast du schon ausprobiert und welche gefällt dir am besten?

Артём: Я занимался различными видами спорта, например, плаванием и лёгкой атлетикой. Но больше всего мне нравится футбол. В России я три года играл в сборной нашей школы.

Тренер: Das ist doch perfekt. Wir suchen gerade einen Fußballspieler für unsere Schulmannschaft.

Артём: Здорово!

Тренер: Komm doch zum Probetraining und schau dir alles an.

Артём: Спасибо, я приду с удовольствием. А когда следующая тренировка? Что мне нужно с собой принести?

Тренер: Wir trainieren zwei Mal pro Woche und das nächste Training ist am Mittwoch. Bring einfach deine Sportsachen mit, und wenn es dir bei uns gefällt, bekommst du ein Mannschaftstrikot.

Артём: Класс! Тогда до среды. До свидания и ещё раз большое спасибо.

Тренер: Auf Wiedersehen und bis Mittwoch.

10 Stell dir vor, du wanderst in ein anderes Land aus. Wähle ein Land aus und beschreibe, wie es dir dort geht.

Напиши о том,
– где ты живёшь (страна, город),
– нравится ли тебе жить в этой стране и почему,
– какие города этой страны ты уже посетил(а),
– где и с кем ты учишься (школа, одноклассники),
– успехи в школе (по каким предметам тебе легко/трудно учиться),
– как хорошо ты уже знаешь язык этой страны,
– с кем ты дружишь (друзья),
– что ты делаешь в свободное время (интересы, хобби, работа).

США
Италия
Испания
Мексика
Австралия
Чили   Швеция
Канада

1 **Фа́ктор-2**

а) Прочитай текст со словарём.

Гамбургская хип-хоп- и поп-группа *Фактор-2* – это два молодых парня,
которых зовут Илья́ Подстре́лов и Воло́дя Па́нченко. В 1999 году они создали группу,
которая популярна не только среди русскоязычного населения в Германии, но и в России.
Все песни *Фактор-2*, которые ребята пишут сами, на русском языке. Вот отрывок из песни,
которую исполняет эта группа.

[…]
Отпусти́ли в жизнь свои́х дете́й,
Сло́вно в не́бо бе́лых голубе́й.
Но не суждено́ тому́ лета́ть,
Кто посме́л забы́ть и отца́, и мать.

Вы прости́те, роди́тели, е́сли чем-то оби́дели,
Про́сто так получа́ется: де́тство на́ше конча́ется.
И забы́тыми чу́вствами со́весть на́шу кромса́ете,
Обижа́етесь и тут же проща́ете.

При́стальным взгля́дом, да вникуда́,
За окно́м вы́пал снег, оку́тал провода́,
Сло́вно невзнача́й захоте́л напо́мнить о том,
Что вре́мя бы́стро лети́т, не забыва́й о свято́м. […]

б) Послушай песню и напиши в двух предложениях, о чём идёт речь в этой песне.

_____

_____

_____

_____

в) Придумай название к этой песне.

_____

г) Придумай продолжение этой песни (в стихах или прозе) и сравни свой текст с оригиналом.

_____

_____

1 a) Прослушай текст *Молодёжь в России* и вставь пропущенные слова.

Российская молодёжь – это 39,6 миллиона молодых граждан – особенно сильно почувствовала _____ политические, экономические и социальные изменения, которые произошли в конце XX и в начале XXI веков в _____. Опрос молодых россиян, людей в возрасте от 15 до 29 лет, показал, что российская молодёжь сегодня с таким же трудом находит своё место в _____, как и их родители в конце 1990-х годов. Сильно изменился и их взгляд на рабочие _____. 20 % _____ молодёжи хотела бы иметь собственное дело, хотя это и очень рискóванно[1]. Иметь интересную _____, но вместе с ней и маленькую зарплату согласны только 16 % молодых россиян. Больше всего молодёжи, 37 %, согласны работать много, получая при этом большую _____, но не имея гарантий на будущее. 18% молодых людей согласны получать более маленькую, но постоянную зарплату и быть уверенными в завтрашнем ____. И только 4 % российской молодёжи согласны получать небольшую зарплату, но иметь много свободного _____.

1 mit Risiko verbunden

б) **На основе текста дополни диаграмму и придумай к ней заголовок.**

M 20 % согласны иметь собственное
дело.

16 % согласны
_____

37 % согласны
_____

18 % согласны
_____

4 % согласны
_____

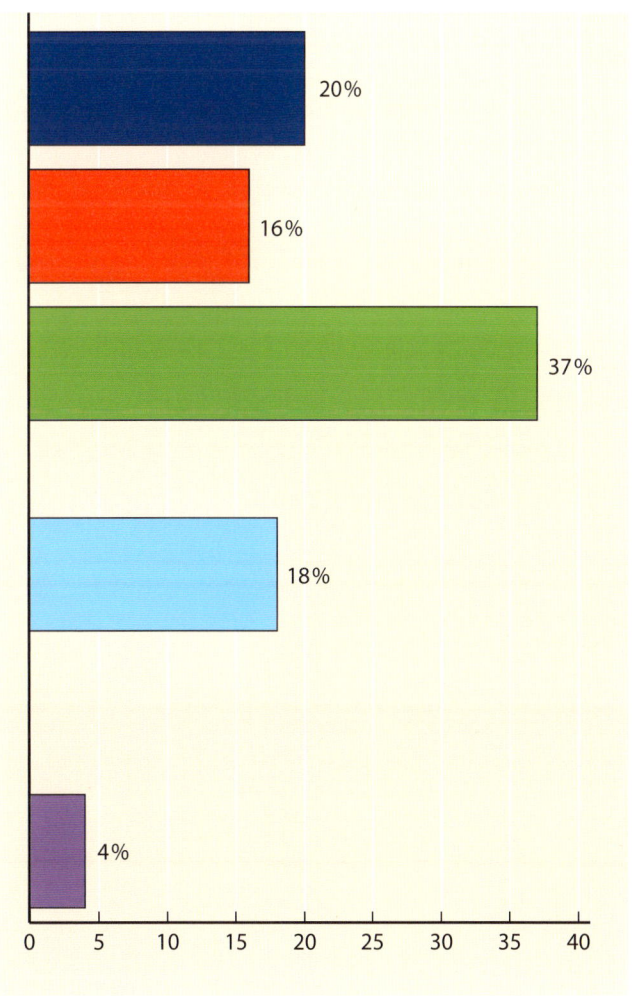

2 Германо-Российский фестиваль

a) Ответь на вопросы по-русски.

Deutsch-Russische Festtage
11.–13. Juni

Veranstaltungsort: Trabrennbahn[1] Karlshorst in Berlin-Lichtenberg
Festtagsprogramm 12.06.

10:00 Ensemble *Младушка* aus Kaliningrad
12:00 Jugendfestival „Neuer Wind"
15:00 Schachturnier
17:00 Chor der russischen Volksmusik *Русские самоцветы*
19:00 Russische Rocknacht mit *Запрещённые барабанщики* und *Чиж & Со*
21:00 Filmvorführung «Ирония любви»
22:30 Disko «Русский вариант»

1 Trabrennbahn – ипподро́м

О чём идёт речь в этом флаере?

_____

Где и когда состоится фестиваль?

_____

_____

Какие российские музыкальные группы будут участвовать

в фестивале?

_____

_____

_____

б) Придумай и нарисуй к этому фестивалю рекламный плакат на русском языке.

3 Зачем мы изучаем русский язык?

a) Напиши аргументы в пользу изучения русского языка. Обрати внимание на следующие пункты:

– Kennenlernen und Verstehen der russischen Kultur (Bräuche, Geschichte, Essenspezialitäten)
  und der Menschen in Russland
– bessere Bewältigung kommunikativer Situationen
– Vorteile bei der Jobsuche (z. B. Praktikum, soziales Jahr) in Russland (Deutschland)
– Klischeeabbau gegenüber Russen
– Reisemöglichkeiten nicht nur nach Russland, sondern auch in andere Länder Osteuropas
  und Mittelasiens (Ukraine, Weißrussland, Kasachstan usw.)

_____

_____

_____

_____

_____

б) На основе своих заметок проведите дискуссию. Используйте языковой материал учебника (стр. 90).

1 Угадай слово. Первая буква каждого слова написана в скобках.
Потом определи род и тип склонения этих существительных.

М (п)ережлдиеон – предложение (s., I. Dekl.)

(б)зенспоьстао _____   (с)абудь _____

(д)метакояри _____   (х)доло _____

(з)раатлпа _____   (у)лвеоси _____

(п)коиι лоее _____   (с)онярба _____

(щ)сотьедр _____   (с)яьзв _____

(р)нтикабо _____   (п)оаикпрс _____

(с)оетитерп _____   (ч)стньстео _____

2 Прочитай текст о Ната́лье Водя́новой и передай основное содержание на немецком языке.

Наталья Водянова родилась 28 февраля 1982 года в России в городе Го́рьком (сейчас Ни́жний Но́вгород). В 16-летнем возрасте её увидел представитель одного из модельных агентств города и пригласил в Москву на кастинг французского агентства *Viva Model Management*. Из Москвы девушка поехала прямо в Париж. Так началась карьера одной из самых известных моделей мира. В 2001 году журнал *W* назвал Водянову самой большой сенсацией модельного бизнеса, а на Нью-Йоркской Неделе моды в сентябре 2002 года Наталья участвовала в показах девятнадцати знаменитых дизайнеров. Принимая участие осенью 2002 года в рекламе *Calvin Klein*, она получила самый высокий гонорар за всю историю этого лейбла. Сейчас Наташа работает с самыми известными дизайнерами и фотографами мира. Наталья Водянова активно помогает детям. Она основала фонд *The Naked Heart Foundation*, чтобы помогать детям-инвалидам. Живёт Наталья в Нью-Йорке со своим мужем, британским художником Джастином Портменом, и тремя́ детьми.

3 Выбери подходящее по смыслу деепричастие и подчеркни его.

1. (Предложив, Поняв, Почувствовав) себя лучше, он снова пошёл на работу.

2. (Уезжая, Уходя, Выступая) в Германию, он никому ничего не сказал.

3. (Скучая, Тоскуя, Изучая) русский язык, он узнал много интересного о России.

4. (Эмигрировав, Окончив, Овладев) школу, она поступила в университет.

5. Не (беседуя, скучая, зная) русского языка, он всё же поехал в Москву.

G Grammatik entdecken und verstehen

| G1 | Неопределённо-личные (бессубъектные) предложения | ↗1A |

Unpersönliche Sätze

Unpersönliche Sätze sind stets subjektlos. Es gibt verschiedene Möglichkeiten, diese auszudrücken.

1. In unbestimmt-persönlichen Sätzen steht das Verb in der 3. Person Plural. Es wird im Deutschen mit dem unpersönlichen *man* wiedergegeben.

В газетах пиш**ут** о школах в России.　　*In den Zeitungen schreibt man über Schulen in Russland.*
В школе говор**ят** о новом ученике.　　*In der Schule spricht man über den neuen Schüler.*

2. Aussagen mit *wollen*, *müssen*, *nicht dürfen* und *gelingen* werden durch reflexive Verben in der 3. Person Singular in Verbindung mit einem Infinitiv ausgedrückt. Die Person steht im Dativ.

<u>Мне</u> **хочется** учить языки.　　*Ich möchte Sprachen lernen.*
<u>Ему</u> **удалось** поговорить с президентом.　　*Es gelang ihm, mit dem Präsidenten zu sprechen.*
Здесь **запрещается** курить.　　*Es ist verboten, hier zu rauchen.*

3. In Infinitivsätzen gibt es einen von keinem anderen Wort abhängigen Infinitiv. Die handelnde Person steht im Dativ.

Как <u>мне</u> доехать до центра города?　　*Wie komme ich ins Stadtzentrum?*
<u>Нам</u> не нужно сдавать экзамены.　　*Wir müssen keine Prüfungen ablegen.*

4. Ein subjektloser Satz mit einem prädikativen Adverb drückt einen Zustand aus. Die Person steht dabei im Dativ.

<u>Мне</u> холодно.　　*Mir ist kalt.*
<u>Ему</u> будет скучно.　　*Ihm wird langweilig sein.*
<u>Ему</u> было интересно.　　*Für ihn war es interessant.*

| G2 | Прямая и косвенная речь | ↗1A |

Direkte und indirekte Rede

Satzart	Direkte Rede	Indirekte Rede
Aussagesatz	Саша сказал: «Я выбрал профессию». *Sascha sagte: „Ich habe einen Beruf gewählt."*	**Einleitung mit что (dass)** Саша сказал, что он выбрал профессию. *Sascha sagte, dass er einen Beruf gewählt hat.*
Entscheidungsfrage	Лена спросила Нину: «У тебя есть любимое место?» *Lena fragte Nina: „Hast du einen Lieblingsplatz?"*	**ли (ob)** Лена спросила Нину, есть ли[1] у неё любимое место. *Lena fragte Nina, ob sie einen Lieblingsplatz hat.*
Ergänzungsfrage	Он спросил меня: «Где ты работаешь?» *Er fragte mich: „Wo arbeitest du?"*	**Interrogativpronomen wie in direkter Rede** Он спросил меня, где я работаю. *Er fragte mich, wo ich arbeite.*
Aufforderungssatz mit Imperativ	Мама попросила меня: «Пожалуйста, закрой дверь». *Die Mutter bat mich: „Bitte schließ die Tür."*	**чтобы (dass) mit Konjunktiv** Мама попросила, чтобы я закрыл(а) дверь. *Die Mutter bat mich darum, ich möchte (sollte) die Tür schließen.* Мама попросила меня закрыть дверь. *Die Mutter bat mich, die Tür zu schließen.*

		что (dass)
Wunschsatz **mit Konjunktiv**	Она сказала: «Если бы у меня было больше времени, я пришла бы к тебе». *Sie sagte: „Wenn ich mehr Zeit hätte, würde ich zu dir kommen."*	Она сказала, что она пришла бы ко мне, если бы у неё было больше времени. *Sie sagte, dass sie zu mir käme (kommen würde), wenn sie mehr Zeit hätte.*

1 Die Konjunktion *лu* steht immer nach dem Bezugswort.

Für die indirekte Redeeinleitung sind folgende Verben typisch:

сказать/говорить	*sagen*	напомнить/напоминать	*jmdn. an etw. erinnern*
спросить/спрашивать	*fragen*	предложить/предлагать	*vorschlagen*
ответить/отвечать	*antworten*	решить/решать	*beschließen*
взволноваться/волноваться	*sich aufregen*		

G3   Образование причастий   **D**

Die Bildung der Partizipien

Das Deutsche kennt zwei, das Russische vier Partizipien, zwei des Aktivs und zwei des Passivs.

	прочитать (v.)	читать (uv.)
Partizip Präsens Aktiv		чита**ющ**ий
Partizip Präteritum Aktiv	прочита**вш**ий	чита**вш**ий
Partizip Präsens Passiv		чита**ем**ый
Partizip Präteritum Passiv	прочита**нн**ый	

G4   Причастие настоящего времени страдательного залога

Das Partizip Präsens Passiv

Das Partizip Präsens Passiv erkennst du an folgenden Suffixen:

-ем-	*e*-Konjugation	получá**ем**ый (получáть)
-им-	*u*-Konjugation	люб**ú**мый (любúть)

Im Deutschen wird das Partizip Präsens Passiv meist durch einen Relativsatz wiedergegeben.

читаемая книга	*das Buch, das gelesen wird*
любимое место	*der Platz/Ort, der geliebt wird; der Lieblingsort*

G5   Причастие прошедшего времени страдательного залога   **↗3A**

Das Partizip Präteritum Passiv

Das Partizip Präteritum Passiv hat eine Lang- und eine Kurzform.
Die Langform erkennst du an folgenden Suffixen:

-нн-	напи́са**нн**ый (написáть)	*geschrieben*
	организó ва**нн**ый (организовáть)	*organisiert*
-енн-	брó ш**енн**ый (брóсить)	*weggeworfen, weggeschmissen*
-ённ- (betont)	загрязн**ённ**ый (загрязни́ть)	*verschmutzt*
-т-	откры́**т**ый (откры́ть)	*geöffnet, eröffnet*
	нá ча**т**ый (начáть)	*begonnen*

Das Partizip Präteritum Passiv wird von vollendeten transitiven Verben gebildet.
Es stimmt als Attribut mit dem Substantiv, auf das es sich bezieht, in Genus, Kasus und Numerus überein.

Um den Urheber der Handlung zu benennen, kann das Partizip Präteritum Passiv durch ein Substantiv
oder Pronomen im Instrumental erweitert werden:

текст, переведённый учеником**ами** на немецкий язык, …	*der von den Schülern ins Deutsche übersetzte Text … oder* *der Text, der von den Schülern ins Deutsche übersetzt wurde …*
написанное мо**им** брат**ом** письмо	*der von meinem Bruder geschriebene Brief oder* *der Brief, der von meinem Bruder geschrieben wurde*
выставка, открытая президент**ом**, …	*die vom Präsidenten eröffnete Ausstellung … oder* *die Ausstellung, die vom Präsident eröffnet wurde …*

Das Partizip Präteritum Passiv bezeichnet in einem Satz eine Nebenhandlung, die der Haupthandlung
vorausgegangen ist (vgl. im Deutschen Partizip II).

Я прочитал интересную книгу, написанную американским автором.	*Ich habe ein interessantes Buch gelesen, das von einem amerikanischen Autor geschrieben wurde.*
В этой галерее, открытой в 2011 году, много картин русских художников.	*In dieser Galerie, die im Jahr 2011 eröffnet wurde, sind viele Bilder russischer Künstler.*

Die Kurzform des Partizips Präteritum Passiv erkennst du an den Suffixen *-н-, -ен-, -ён-* (betont)
oder *-т-* und einer Endung (m. endungslos, w. *-а*, s. *-о*, Pl. *-ы*):

напи́са**н**, напи́са**на**, напи́са**но**; напи́са**ны**
организо́ва**н**, организо́ва**на**, организо́ва**но**; организо́ва**ны**

бро́ш**ен**, бро́ш**ена**, бро́ш**ено**; бро́ш**ены**
загрязн**ён**, **!** загрязн**ена́**, загрязн**ено́**; загрязн**ены́**

откры́**т**, откры́**та**, откры́**то**; откры́**ты**

Zusammen mit einer Form von *быть* drücken die Kurzformen das Passiv (→ G 10) aus.

Этот роман был написан американским писателем.	*Dieser Roman wurde von einem amerikanischen Schriftsteller geschrieben. (ist …geschrieben worden)*
Галерея была открыта немецким художником.	*Die Galerie wurde von einem deutschen Künstler eröffnet. (ist … eröffnet worden)*
Озеро было загрязнено мусором.	*Der See wurde mit Müll verschmutzt. (ist …verschmutzt worden)*
Дети были спасены активистами Гринписа.	*Die Kinder wurden von Greenpeace-Aktivisten gerettet. (sind …gerettet worden)*

G 6   **Действительное причастие настоящего времени**   **↗ 5 A**

Das Partizip Präsens Aktiv

Das Partizip Präsens Aktiv erkennst du an folgenden Suffixen:

-ющ-, -ущ-	*e*-Konjugation	чита́**ющ**ий (читать)	*lesend*
-ящ-, -ащ-	*i*-Konjugation	говор**я́щ**ий (говорить)	*sprechend*

Die Partizipien reflexiver Verben haben immer (auch nach Vokal) *-ся*:
уч**ащ**ая**ся** молодёжь   *die lernende Jugend*

Das Partizip stimmt als Attribut mit dem Substantiv, auf das es sich bezieht, in Genus, Kasus und Numerus überein.

спя**щая** девочка	*ein schlafendes Mädchen*
бега**ющий** мальчик	*ein laufender Junge*

In einem Satz bezeichnet das Partizip Präsens Aktiv keine eigene Zeit, sondern die Gleichzeitigkeit mit der Haupthandlung des Satzes, unabhängig davon, ob die Haupthandlung im Präsens oder Präteritum steht. Im Deutschen wird das Partizip Präsens Aktiv häufig durch einen Relativsatz mit *der*, *die*, *das* wiedergegeben.

Мы видели в парке играющих детей.	*Im Park sahen wir spielende Kinder.* oder *Im Park sahen wir Kinder, die spielten.*
Люди, сидящие в комнате, молчат.	*Die Menschen, die im Zimmer sitzen, schweigen.*

G7	Действительное причастие прошедшего времени	↗ 5A

Das Partizip Präteritum Aktiv

Das Partizip Präteritum Aktiv erkennst du an folgenden Suffixen:

-вш-	bei Stammauslaut auf Vokal	чита**вш**ий (читать)	*jmd., der etw. gelesen hat*
-ш-	bei Stammauslaut auf Konsonant	нё**с**ший (нести)	*jmd., der etw. getragen hat*

Das Partizip stimmt als Attribut mit dem Substantiv, auf das es sich bezieht, in Genus, Kasus und Numerus überein.

юноши и девушки, окончивш**ие** школу, …	*Jugendliche, die die Schule abgeschlossen haben (hatten), …*
спортсмен, принёсш**ий** своей сборной золотую медаль, …	*der Sportler, der für seine Mannschaft die Goldmedaille gewonnen hat, …*

In einem Satz bezeichnet das Partizip vollendeter Verben die Vorzeitigkeit in Bezug auf die Haupthandlung. Im Deutschen kann das Partizip häufig durch einen Relativsatz mit *der*, *die*, *das* wiedergegeben werden.

Выигравшая команда получает приз.	*Die Mannschaft, die gewonnen hat, bekommt einen Preis.*
Подъехавший автобус стоял на остановке.	*Der Bus, der herangefahren war, stand an der Haltestelle.*
Много молодых специалистов, окончивших российские вузы, уехало в Америку.	*Viele junge Fachleute, die die Hochschule in Russland abgeschlossen hatten, reisten nach Amerika aus.*

G8	Словообразование имён существительных	↗ 2A

Wortbildung bei Substantiven

Ähnlich wie im Deutschen werden einige russische Substantive von einem Verb, einem Adjektiv oder einem anderen Substantiv mithilfe eines Suffixes abgeleitet.
Zur Bezeichnung von Handlungen, Merkmalen oder Zuständen sind die häufigsten Suffixe:

-ость	юный	юн**ость**	*Jugend*
	трудный	трудн**ость**	*Schwierigkeit*
	слабый	слаб**ость**	*Schwäche*
-ни-(е)	создать	созда**ние**	*Schaffung, Erschaffung*
-ени-(е)	решить	реш**ение**	*Entscheidung, Lösung*
	произвести	произвед**ение**	*Werk, Erzeugnis*
-ств-(о)	дети	дет**ство**	*Kindheit*
	знакомый	знаком**ство**	*Bekanntschaft*
	творческий	творче**ство**	*Werk, Schaffen*
-от-(а)	красивый	крас**ота**	*Schönheit*
	чистый	чист**ота**	*Reinheit*
	простой	прост**ота**	*Schlichtheit, Einfachheit*

Das Suffix *-тель* (w. *-тельница*) zur Bildung von Personen- und Berufsbezeichnungen kennst du bereits aus *Диалог 2*.

-тель (m.)	учить	учи**тель**, учи**тельница**	*Lehrer, Lehrerin*
-тельница (w.)	посетить	посети**тель**	*Besucher*
	собирать	собира**тель**	*Sammler*

Die Deklination der Namen

Wie alle Substantive werden im Russischen auch Vor-, Vaters- und Familiennamen dekliniert.
Aufgepasst, denn es gibt auch hier Substantiv- und Adjektivendungen.

Männliche Personen

	Vorname	Vatersname	Familienname
Nom.	Бори́с	Андре́евич	Петро́в
Gen.	Бори́с**а**	Андре́евич**а**	Петро́в**а**
Dat.	Бори́с**у**	Андре́евич**у**	Петро́в**у**
Akk.	Бори́с**а**	Андре́евич**а**	Петро́в**а**
Instr.	Бори́с**ом**	Андре́евич**ем**	Петро́в**ым**
Präp.	о Бори́с**е**	Андре́евич**е**	Петро́в**е**

Weibliche Personen

	Vorname	Vatersname	Familienname
Nom.	Тама́р**а**	Андре́евн**а**	Петро́в**а**
Gen.	Тама́р**ы**	Андре́евн**ы**	Петро́в**ой**
Dat.	Тама́р**е**	Андре́евн**е**	Петро́в**ой**
Akk.	Тама́р**у**	Андре́евн**у**	Петро́в**у**
Instr.	Тама́р**ой**	Андре́евн**ой**	Петро́в**ой**
Präp.	о Тама́р**е**	Андре́евн**е**	Петро́в**ой**

Familiennamen im Plural

Nom.	Петро́в**ы**
Gen.	Петро́в**ых**
Dat.	Петро́в**ым**
Akk.	Петро́в**ых**
Instr.	Петро́в**ыми**
Präp.	о Петро́в**ых**

Nicht dekliniert werden Familiennamen auf *-ово*, *-аго*, *-ых*, z. B. *Дурново́*, *Бура́го*, *Белы́х* und Familiennamen ukrainischer Herkunft auf *-ко*, z. B. *Кличко́*, *Ковале́нко* sowie die meisten ausländischen Familiennamen.

Das Passiv

Im Russischen wird – wie im Deutschen – zwischen Aktiv- und Passivformen der Verben unterschieden.

Aktiv	Passiv
Ist das Subjekt eines Satzes Urheber der Handlung, steht das Verb im Aktiv.	Wird eine Handlung ausgedrückt, die auf das Subjekt gerichtet ist, steht das Verb im Passiv. Der Urheber der Handlung (≠ Subjekt) steht dabei im Instrumental.

Туристы **загрязняют** берег озера.   Берег озера **загрязняется** тури_ст_ами.

Активисты Гринписа **организуют** выставку.   Выставка **организуется** активист_ами_ Гринписа.

Passivformen entstehen durch das Anfügen der Endung -*ся* (nach Konsonanten) oder -*сь* (nach einem Vokal) an die Aktivform des Präsens, des Futurs oder des Präteritums oder durch eine Form von *быть* und der Kurzform des Partizips Präteritum Passiv (→ G 5).

Präsens
Берег озера загрязняется туристами.   *Das Ufer des Sees wird von Touristen verschmutzt.*
Берег озера загрязнён туристами.   *Das Ufer des Sees ist von Touristen verschmutzt worden.*

Präteritum
Берег озера загрязнялся туристами.   *Das Ufer des Sees wurde von Touristen verschmutzt.*
Берег озера был загрязнён туристами.   *Das Ufer des Sees ist von Touristen verschmutzt worden.*

Futur
Берег озера будет загрязняться туристами.   *Das Ufer des Sees wird von Touristen verschmutzt werden.*
Берег озера будет загрязнён туристами.   *Das Ufer des Sees wird von Touristen verschmutzt sein.*

In der Regel wird nur die 3. Person Sg. oder Pl. gebraucht.
Das Prädikat in der Passivform stimmt mit dem Subjekt des Satzes in Geschlecht und Zahl überein.

Der Konjunktiv

Die Formen des Konjunktivs drücken ein mögliches oder wünschenswertes Geschehen in der Zukunft oder Vergangenheit aus. Die russische Konjunktivform wird immer nur aus einer Zeitform gebildet, dem Präteritum mit *бы*. Die Vergangenheitsform ändert sich dabei wie üblich, nach Geschlecht und Zahl.
я изуча**л** бы, она изуча**ла** бы, мы изуча**ли** бы историю

Im Deutschen kann diese Form in mehreren Zeitformen wiedergegeben werden.
он сказал бы   *er sagte, er würde sagen, er hätte gesagt*

Die passende Übersetzung kann aus dem Sinnzusammenhang erschlossen werden.

Купил бы ты билеты.   *Du solltest Karten kaufen.* (Empfehlung für die Zukunft)
                            Du hättest Karten kaufen sollen. (Bedauern darüber, dass eine Empfehlung nicht beachtet wurde)
Если бы Вика позвонила!   *Wenn doch Vika anriefe!* (Zukunft)
                            Wenn Vika doch nur angerufen hätte! (Vergangenheit)

Die Stellung von *бы* im Satz ist variabel. Gewöhnlich steht es hinter dem Verb, zu dem es gehört. Soll ein anderes Wort hervorgehoben werden, dann wird *бы* hinter das zu betonende Wort gestellt.

Я не сделал(а) <u>бы</u> этого.	*Ich hätte das <u>nicht getan</u>.*
Я <u>бы</u> этого не сделал(а).	<u>*Ich*</u> *hätte das nicht getan.*
Вчера <u>бы</u> я этого не сделал(а).	<u>*Gestern*</u> *hätte ich das nicht getan.*

Anwendung des Konjunktivs in Hauptsätzen

Der Konjunktiv drückt
1. eine mögliche (oder nicht mehr mögliche) Handlung aus.

Сегодня не могу, но завтра я с удовольствием пошёл (пошла) бы в кино.	*Heute kann ich nicht, aber morgen würde ich gern ins Kino gehen.*

2. eine freundliche Aufforderung oder Bitte aus.

Рассказал бы ты лучше маме об этом.	*Es wäre besser, du würdest Mama davon erzählen.*
Мы хотели бы с Вами поговорить.	*Wir würden gern mit Ihnen sprechen.*

Anwendung des Konjunktivs in Nebensätzen

1. Konditionalsätze
Ist die im Nebensatz genannte Bedingung irreal, d. h. nicht oder nicht mehr erfüllbar, wird der Konjunktiv in beiden Teilsätzen verwendet. Dazu wird die Konjunktion *если* benötigt.

Я пошёл (пошла) бы на экскурсию, если бы была хорошая погода.	*Ich würde einen Ausflug machen, wenn gutes Wetter wäre.* oder *Ich hätte einen Ausflug gemacht, wenn gutes Wetter gewesen wäre.*
Если бы мы достали билеты, мы пошли бы в театр.	*Wenn wir Karten bekommen hätten, wären wir ins Theater gegangen.*

2. Objektsätze (→ G 13)

Wird ein Wunsch oder eine Bitte ausgedrückt, steht im Nebensatz in Verbindung mit der Konjunktion *чтобы* der Konjunktiv (ohne *бы*).

Я хочу, чтобы мой друг мне помог.	*Ich möchte, dass mein Freund mir hilft.*
Вика сказала, чтобы Артём купил билеты в театр.	*Vika hat gesagt, dass Artjom die Theaterkarten kaufen soll.*

G 12	**Третье склонение имён существительных**	**↗ 4 A**

Die III. Deklination (*и*-Deklination) der Substantive

Zur dritten Deklination gehören weibliche Substantive, die auf -ь enden.

Nom.	жизн**ь**	любо́в**ь**	мыш**ь**
Gen.	жи́зн**и**	любв**и́**	мы́ш**и**
Dat.	жи́зн**и**	любв**и́**	мы́ш**и**
Akk.	жизн**ь**	любо́в**ь**	мышь
Instr.	жи́зн**ью**	любо́в**ью**	мы́ш**ью**
Präp.	о жи́зн**и**	о любв**и́**	о мы́ш**и**

Nominativ und Akkusativ sind immer gleich.

Nach der III. Deklination werden auch die Grundzahlwörter 5 bis 20, 30 und die Zehner 50–80
(hier beide Bestandteile, z. B. Nom. *пятьдесят*, Gen. *пятúдесяти*) sowie einige Substantive unterschiedlichen
Geschlechts, die besondere Formen bilden, dekliniert.

	w.	m.	s.
Nom.	мат**ь**[1]	пут**ь**	врéм**я**[2]
Gen.	мá**тери**	пут**ú**	врéм**ени**
Dat.	мá**тери**	пут**ú**	врéм**ени**
Akk.	мат**ь**	пут**ь**	врéм**я**
Instr.	мá**терью**	пут**ём**	врéм**енем**
Präp.	(о) мá**тери**	(о) пут**ú**	(о) врéм**ени**

1 Wie *мать* wird auch *дочь* dekliniert.
2 Wie *время* wird auch *имя* dekliniert.

G 13 Дополнительные придаточные предложения ↗ 4 A

Objektsätze mit *что* und *чтобы*

1. Zum Ausdrücken von Tatsachen, Meinungen oder Gefühlen verwendet man Objektsätze mit *что*.

Я рад(а), что ты пришёл (пришла).
Ich bin froh, dass du gekommen bist.

Я знаю, что он говорит правду.
Ich weiß, dass er die Wahrheit sagt.

Света думает, что стоит заниматься литературой.
Sweta denkt, dass es sich lohnt, sich mit Literatur zu beschäftigen.

Я рада, что ты пришёл.

2. Zum Ausdrücken eines Wunsches, einer Bitte, eines Vorschlages verwendet man *чтобы*
und das Verb im Konjunktiv (ohne *бы*).

Максим предложил, чтобы мы вместе
подготовились к олимпиаде.
*Maxim hat vorgeschlagen, dass wir uns gemeinsam
auf die Olympiade vorbereiten könnten.*

Мама сказала, чтобы Артём вынес мусор.
Mama sagte, dass Artjom den Müll wegbringen soll.

Вынеси мусор.

Adverbialpartizipien

Adverbialpartizipien sind unveränderliche Verbformen, die es im Deutschen nicht gibt,
dafür aber in anderen Fremdsprachen, z. B. im Englischen (*gerund*).
Im Satz bezeichnen sie eine Nebenhandlung, die nähere Umstände der Haupthandlung bestimmt.
Im Russischen gibt es zwei Adverbialpartizipien.

Adverbialpartizip auf –я(сь) oder –а(сь)	Adverbialpartizip auf –в oder –вши(сь)
bezeichnet eine Nebenhandlung, die zur gleichen Zeit wie die Haupthandlung abläuft → **Gleichzeitigkeit**	bezeichnet eine Nebenhandlung, die der Haupthandlung vorausgegangen ist → **Vorzeitigkeit**
meist von unvollendeten Verben gebildet	meist von vollendeten Verben gebildet
чита́я ища́ ведя́ интересу́ясь уча́сь **Ausnahmen:** бу́дучи (быть), помо́гши (помо́чь)	прочита́в встре́тившись

Für die Wiedergabe von Adverbialpartizipien im Deutschen gibt es mehrere Möglichkeiten:

1. durch einen Adverbialsatz der Zeit (*als, während, nachdem*).

Живя́ в Средней Азии или в России, многие русские
немцы чувствовали себя чужими.
     Viele Russlanddeutsche fühlten sich fremd, als sie in Zentralasien oder Russland lebten.

Пересели́вшись в Германию, некоторые переселенцы
сейчас скучают по своей прошлой жизни.
     Nachdem sie nach Deutschland übergesiedelt sind, vermissen einige Aussiedler nun ihr früheres Leben.

2. durch einen Adverbialsatz der Art und Weise (*indem, wobei, ohne zu*).

Ничего не говоря́, Марк вышел из комнаты.
     Ohne etwas zu sagen, verließ Mark das Zimmer.

3. durch einen Adverbialsatz des Grundes (*da, weil*).

Бу́дучи немецкой гражданкой, она выступила
за сборную Германии на Олимпиаде.
     Da sie deutsche Staatsbürgerin war, trat sie bei der Olympiade für die deutsche Mannschaft an.

4. durch einen Adverbialsatz der Einräumung (*obwohl*).

Прожи́в в Москве уже больше полгода,
нам было трудно общаться с москвичами.
     Obwohl wir schon über ein halbes Jahr in Moskau lebten, fiel es uns schwer, uns mit Moskauern zu unterhalten.

Auf den folgenden Seiten findest du die Lösungen und Hinweise zu den Testseiten der Lektionen 1–6.
Vorangestellt sind die Lösungen der Wiederholungslektion.

Wie nutzt du die Wiederholungslektion und die Testseiten am besten?
Das Vorgehen ist dir bereits aus Dialog 1 bis 3 bekannt:
— Löse alle Aufgaben vollständig und selbstständig.
— Vergleiche anschließend deine Antworten mit den Lösungen auf den folgenden Seiten.
— Kennzeichne deine Fehler und korrigiere sie. Nutze die Hinweisspalte.

Abschnitt/ Übung	Lösungen
П 1/1б)	Привет, Ларс, сегодня я тебе напишу о своих (моих) хобби. Люблю читать, особенно детективы. Кроме того, я люблю слушать музыку и смотреть фильмы. В нашей квартире есть домашний кинотеатр и музыкальный центр. В отпуск каждый год мы ездим на машине на Балтийское море. Там здорово! В нашем городе есть театр. После окончания школы я хочу стать актёром. Может быть, когда-нибудь я стану известным! С большим приветом, Максим
П 1/1в)	Lleber Lars, heute schreibe ich dir über meine Hobbys. Ich lese gern, besonders Krimis (Kriminalromane). Außerdem liebe ich Musik und Filme. In unserer Wohnung (Bei uns zu Hause) haben wir ein Heimkino (Home-Cinema) und eine Stereo-/Hifi-Anlage. In den Urlaub fahren wir jedes Jahr mit dem Auto an die Ostsee. Da ist es großartig! In unserer Stadt gibt es ein Theater. Nach der Schule möchte ich Schauspieler werden. Vielleicht werde ich irgendwann einmal sehr bekannt! Liebe Grüße (Beste Grüße) Maxim
П 1/2	Продавец – это мужчина, который работает в магазине. Словарь – это книга, в которой можно найти значение любого слова. Остановка – это место, где ждут троллейбус или трамвай. Отпуск – это время, когда люди не работают, а отдыхают. Век – это сто лет.
П 1/3б)	собаку зовут – по кличке только – исключительно дать ему мясо – накормить его мясом не повезло – ни к чему не привели больше любит – предпочитает не хочет (есть) – отказывается
П 1/4б)	1. Е; 2. Г; 3. Д; 4. А; 5. Б; 6. В
П 1/5	называют; выбирают; остаётся; нравятся; занимает; считаются; выбирать; стали
П 1/6	z. B. самые популярные имена в Москве в 2009 г.: мальчики: 1. Александр, 2. Максим, 3. Иван, 4. Артём, 5. Дмитрий, 6. Егор, 7. Никита, 8. Андрей девочки: 1. Мария, 2. Анастасия, 3. Дарья, 4. Анна, 5. Елизавета, 6. София, 7. Александра, 8. Екатерина самые популярные имена в Германии в 2010 г.: мальчики: 1. Леон, 2. Лукас, 3. Йонас, 4. Пауль, 5. Финн, 6. Бен, 7. Лука, 8. Максимилиан девочки: 1. Миа, 2. Леа, 3. Эмма, 4. Ханна, 5. Лена, 6. Анна, 7. Лилли, 8. Леони

Abschnitt/ Übung	Lösungen
П 1/7	1. Я мечтаю стать веб-дизайнером. 2. Я знаю, что сначала надо окончить школу с хорошим результатом. 3. Работать за границей - тоже хорошая идея. 4. Я хочу сделать карьеру и иметь много денег.
П 1/8	1. свобода; 2. корт; 3. политика; 4. пожар; 5. быстрее; 6. источник; 7. полёт
П 1/9а)	1. в; 2. а; 3. г; 4. б
П 1/9б)	экономить; скачай; общайся; звонить; знакомься; провести
П 2/1а)	Дорогой Борис, пишу тебе из Италии . Здесь я провожу отпуск. Я и моя семья сюда приехали на машине две недели назад. Мы все очень любим горы . Здесь много мостов и туннелей . Наша гостиница находится недалеко от шикарного озера . Там можно кататься на лодке и купаться . В четверг мы ходили в поход. Утром мы собрали рюкзак и пешком пошли в лес . Вечером мы дошли до маленького острова . Лена и я купались в озере, мама восхищалась природой, папа ловил рыбу . Представь себе, мы даже увидели настоящего медведя ! Но вдруг началась сильная гроза , и медведь убежал в лес… Завтра мы поедем в Мэран на поезде . А в воскресенье мы уже поедем обратно домой. А какие у тебя были приключения на каникулах? До встречи! Костя
П 2/3	1. чёрный; 2. коричневый; 3. голубого; 4. жёлтые; 5. зелёные; 6. чёрного; 7. белой; 8. чёрной
П 2/4а)	1. впечатление; 2. выступление; 3. приключение; 4. увлечение; 5. телевидение; 6. заключение; 7. поздравление; 8. приглашение
П 2/4б)	1. приключение, 2. заключение, 3. приглашение, 4. выступление, 5. телевидения, 6. впечатлениях, 7. увлечение
П 2/5а)	1. доступ к Интернету; 2. телефон; 3. зал ожидания; 4. информация; 5. ресторан; 6. магазины Duty free
П 2/5б)	z. B. 1. Где зал ожидания? 2. Где я могу позвонить по телефону? 3. Скажите, пожалуйста, где магазины Duty free? 4. Я не знаю, где находится информация. 5. Я хочу пообедать в ресторане. 6. Мне нужно от- править электронное письмо.
П 2/6	Всё хорошо, что хорошо кончается. – All's well that ends well. – Ende gut, alles gut. Alles zu seiner Zeit. – Всему своё время. – Everything in its season. The tailor makes the man. – Kleider machen Leute. – По одёжке встречают, по уму провожают.
П 2/7	Ich liebe Dich. фломастер
П 2/8	1. никогда; 2. образование; 3. мусор; 4. забыть; 5. медведь; 6. природа; 7. озеро; 8. иначе; 9. новости; 10. шумно; 11. надёжный; 12. опасно Lösungswort: гостеприимно
П 2/9	Это метафора цветов флага Италии.

Abschnitt/ Übung	Lösungen	Hinweise, wenn du Probleme hattest im SB S. 8/2 = im Schülerbuch Seite 8 Übung 2
1 Test 1	1. Б; 2. В; 3. Б	Höre dir den Text noch einmal an und achte auf Schlüsselwörter.
2	1. в; 2. б/е; 3. а/в; 4. г; 5. б/е; 6. д	Wiederhole im SB S. 17/7 und unter G 2 die Möglichkeiten des Ausdrucks der indirekten Rede.
3	выпускник; вузе; училище; больнице; собеседник; спрос; жителей	Finde anhand des Kontextes die passenden Wörter. Die Anzahl der Striche gibt die Anzahl der Buchstaben des gesuchten Wortes an.
4	4; 3; 1; 2	Finde anhand von ähnlichen Schlüsselwörtern die passende Person.
2 Test 1	4. Река памяти в Санкт-Петербурге Beispiele für andere Bilder: 1. Река в большом городе (*Originaltitel:* Центральный парк в Нью-Йорке) 2. Осенний дождь (*Originaltitel:* Старый мост) 3. Город ночью (*Originaltitel:* Зимние вибрации)	Höre dir die Erzählung der Lehrerin noch einmal an und achte auf Schlüsselwörter einer Bildbeschreibung (s. SB S. 84) sowie auf die Benennung der Gegenstände und schließe ein Bild nach dem anderen aus.
2	1. Ивана Айвазовского; 2. Ильи Репина; 3. Казимир Малевич; 4. Василию Верещагину	Achte darauf, welche Wörter und Konstruktionen welchen Fall nach sich ziehen. Die Deklination der Namen findest du unter G 9.
3 Test 1	А) Новые организации по защите природы были основаны российскими учениками и студентами. Б) В Париже была закончена экологическая конференция. В) Выставка «Русский лес в наше время» была открыта русским художником. Г) Проект по спасению нашей планеты был поддержан политиками.	Wörter am Satzanfang werden groß geschrieben. Achte auf die Kongruenz zwischen dem Subjekt und den gebeugten Verbformen.
2	1. З; 2. В; 3. А; 4. Д; 5. Б; 6. Е; 7. Ж; 8. Г	Finde anhand des Kontextes die passenden Wörter. Achte dabei auf den Inhalt, aber auch auf Wörter (Verben, Präpositionen u. a.), die einen bestimmten Fall nach sich ziehen.
4 Test 1	1. Мама просит, чтобы я так поздно не слушала музыку. 2. Мне кажется, что детективы интереснее, чем фэнтези. oder Мне кажется, что фэнтези интереснее, чем детективы. 3. К моей радости, мы купили билеты на концерт Земфиры.	Wiederhole die Übungen im SB S. 47/4 und S. 48/8 sowie die Hinweise unter G 13 und fasse für dich zusammen, wie *чтобы* und *что* verwendet werden.
2	1. Ж; 2. Е; 3. В; 4. Б; 5. Г; 6. Д; 7. А	Achte beim nochmaligen Lesen auf die Wörter, die die Lücken umgeben. Sie geben wichtige Hinweise, welches Wort du auswählen musst.

Abschnitt/ Übung	Lösungen	Hinweise, wenn du Probleme hattest im SB S. 8/2 = im Schülerbuch Seite 8 Übung 2
3	z. B. Я думаю, что в этом произведении (в этой пьесе) речь идёт о несчастной любви. Молодой мужчина, который стоит на заднем плане, любит женщину, но кажется, что она его не любит. Ему грустно. Другой мужчина, может быть, отец или муж женщины.	Nutze die Vokabeln im SB auf S. 48/66) und wiederhole die Redemittel für eine Bildbeschreibung im SB S. 84 und S. 91.
5 Тест 1	1. рассказывающие 2. вернувшийся 3. находящийся	Achte auf das Geschlecht des Substantivs und darauf, ob das Verb reflexiv ist oder nicht.
2	1. в 1985 году 2. в 1861 году 3. в 886 году	Höre den Text noch einmal an und schreibe dir die Zahlen, die du hörst, auf einen Zettel. Überprüfe sie dann mit den Lösungsmöglichkeiten im AH.
3	Российская империя: царствование, крепостное право, дворянин Советский Союз: социализм, СССР, большевик, (президент) Российская Федерация: президент, свободные выборы, демократическое государство	Lies die Texte im SB S. 56 und 57 noch einmal und achte auf die Bezeichnung der Zeitabschnitte.
6 Тест 1	безопасность (w., III. Dekl.); демократия (w., II. Dekl.); зарплата (w., II. Dekl.); поколение (s., I. Dekl.); щедрость (w., III. Dekl.); работник (m., I. Dekl.); стереотип (m., I. Dekl.); судьба (w., II. Dekl.); холод (m., I. Dekl.); условие (s., I. Dekl.); сборная (w., Adjektivdekl.); связь (w., III. Dekl.); прописка (w., II. Dekl.); честность (w., III. Dekl.)	Wiederhole die neuen Vokabeln der Lektion 6 und die Deklinationsarten der Substantive (zur III. Deklination s. G 12).
2	Natalja Wodjanowa wurde am 28. Februar 1982 in Russland in der Stadt Gorki (heute Nischnij Nowgorod) geboren. Im Alter von 16 Jahren sah sie ein Vertreter einer Modelagentur der Stadt und lud sie nach Moskau zu einem Casting der französischen Agentur *Viva Model Management* ein. Von Moskau fuhr das Mädchen direkt nach Paris. So begann die Karriere eines der berühmtesten Models der Welt. 2001 nannte das Journal *W* Wodjanowa die größte Sensation des Model-Business, und auf der New Yorker Modewoche (Fashion Week) im September 2002 nahm Natalja an Shows von 19 berühmten Designern teil. Als sie im Herbst 2002 an einer Werbung für *Calvin Klein* teilnahm, bekam sie dafür das höchste Honorar in der gesamten Geschichte des Labels. Heute arbeitet Natascha mit den berühmtesten Designern und Fotografen der Welt zusammen. Natalja Wodjanowa hilft aktiv Kindern (setzt sich für Kinder ein). Sie hat die Stiftung *The Naked Heart Foundation* gegründet, um behinderten Kindern zu helfen. Natalja lebt in New York mit ihrem Mann, dem britischen Künstler Justin Porter, und drei Kindern.	Du musst den Text nicht Wort für Wort übersetzen. Wichtig ist, dass du den Inhalt der Sätze wiedergibst.
3	1. почувствовав; 2. уезжая; 3. изучая; 4. окончив; 5. зная	Achte bei deiner Wahl auf den inhaltlichen Kontext, in dem die Wörter stehen.

Инструкции к заданиям (Arbeitsanweisungen)

В

Возьми(те) интервью у … *mit Gen.*	Interviewe (Interviewt)…
Впиши нужные слова в правильной форме.	Schreibe die passenden Wörter in der richtigen Form.
Вставь	Setze … ein.
~ подходящее по смыслу деепричастие.	~ das sinngemäß passende Adverbialpartizip
~ подходящие существительные.	~ die passenden Substantive
~ пропущенные слова.	~ die fehlenden Wörter
~ слова, указанные в скобках, в правильной грамматической форме.	~ die Wörter, die in Klammern stehen, in der richtigen grammatischen Form
Выбери	Wähle … aus.
~ подходящее по смыслу деепричастие.	~ das sinngemäß passende Adverbialpartizip
~ подходящие слова.	~ die passenden Wörter
Выпиши	Schreibe … heraus.
~ существительные.	~ die Substantive
~ предложения с причастиями.	~ die Sätze mit Partizipien

Д

Дополни	Ergänze
~ высказывания, диаграмму, схему.	~ die Aussagen, das Diagramm, das Schema.
~ инфинитив, окончания.	~ den Infinitiv, die Endungen.
~ предложения глаголами в правильной грамматической форме.	~ die Sätze mit Verben in der richtigen grammatischen Form.
~ таблицу объяснениями.	~ die Tabelle mit den Erklärungen.
~ текст подходящими по смыслу словами (словосочетаниями).	~ den Text mit inhaltlich passenden Wörtern (Wortgruppen).

З

Запиши нужные буквы в таблицу.	Schreibe die passenden Buchstaben in die Tabelle.
Заполни ассоциограмму, предложения, пропуски.	Vervollständige die Mindmap, die Sätze, die Lücken.

И

Измени предложения.	Forme die Sätze um.
Используй	Verwende
~ вместо подчёркнутых слов и словосочетаний конструкцию со словом *который* или синонимы.	~ anstelle der unterstrichenen Wörter und Wortgruppen eine Konstruktion mit dem Wort *который* oder Synonyme.
~ языковой материал учебника.	~ den Sprachstoff des Schülerbuches.

Н

Найди(те)	Finde(t)
~ в тексте подходящие слова (словосочетания) к выражениям.	~ im Text die passenden Wörter (Wortgruppen) zu den Aussagen.
~ деепричастия, причастия.	~ Adverbialpartizipien, Partizipien.
~ картину, которая описывается.	~ das Bild, das beschrieben wird.
~ на карте названия … *mit Gen.*	~ auf der Karte die Namen …
~ подходящие пары, слова.	~ passende Paare, Wörter.
~ страдательное причастие настоящего времени.	~ das Partizip Präsens Passiv.
~ эквиваленты.	~ Entsprechungen.
Напиши	Schreibe
~ в нескольких предложениях …	~ in einigen Sätzen …
~ письмо-ответ, открытку.	~ einen Antwortbrief, eine Postkarte.
~ к (подчёркнутым) причастиям инфинитив глагола и перевод словосочетаний.	~ zu den (unterstrichenen) Partizipien den Infinitiv des Verbs und die Übersetzung der Wortgruppen.
~ название (картины).	~ den Titel (des Bildes) auf.
~ немецкое значение существительных.	~ die deutsche Bedeutung der Substantive auf.
~ о своём отношении к … *mit Dat.*	~ über deine Beziehung zu …
~ однокоренные слова.	~ Wörter mit dem gleichen Stamm auf.
~ подходящие слова, цифры.	~ die passenden Wörter, Ziffern.
~ предложения в косвенной речи.	~ die Sätze in der indirekten Rede.
~ русские эквиваленты слов.	~ zu den Wörtern russische Entsprechungen auf.
Нарисуй рекламный плакат.	Zeichne ein Werbeplakat.

О

Образуй	Bilde
~ из частей слов глаголы.	~ aus den Wortteilen Verben.
~ словосочетания.	~ Wortgruppen.
Обрати внимание	Achte
~ на перевод выделенных слов.	~ auf die Übersetzung der markierten Wörter.
~ на форму причастия.	~ auf die Form der Partizipien.
Объясни	Erkläre (Erläutere)
~ значение следующих слов.	~ die Bedeutung der folgenden Wörter.
~ заголовок.	~ die Überschrift.
~ употребление грамматических форм.	~ die Verwendung der grammatischen Formen.
Объясни, о чём идёт речь.	Erkläre (Erläutere), worum es geht.
Определи	Bestimme
~ грамматическую форму.	~ die grammatische Form.
~ род и тип склонения существительных.	~ das Genus und die Deklinationsart der Substantive.
Отгадай слово.	Errate das Wort.
Отметь	Kennzeichne
~ какие высказывания правильны, а какие неправильны.	~ welche Aussagen richtig und welche falsch sind.
~ правильную дату крестиком.	~ das richtige Datum durch Ankreuzen.

П

Переведи	Übersetze
~ письмо, предложения на русский язык.	~ den Brief, die Sätze ins Russische.
~ разговор, стихотворение.	~ das Gespräch, das Gedicht.
Передай основное содержание текста.	Gib den wesentlichen Inhalt des Textes wieder.
Переделай высказывания в предложения с союзом *что*.	Wandle die Aussagen in Sätze mit der Konjunktion *dass* um.
Перепиши текст в тетрадь.	Schreibe den Text ins Heft.
Перефразируй предложения.	Formuliere die Sätze um.
Подбери	Finde
~ к пословицам эквиваленты.	~ zu den Sprichwörtern Entsprechungen.
~ картинки, подходящие слова к… *mit Dat.*	~ die Bilder, passende Wörter zu …
Подготовь плакат, презентацию.	Bereite ein Plakat, eine Präsentation vor.
Подчеркни правильный ответ, суффикс.	Unterstreiche die richtige Antwort, das Suffix.
Познакомься с ребусом.	Mache dich mit dem Bilderrätsel vertraut.
Преобразуй словосочетания (по образцу).	Bilde Wortgruppen (nach dem Muster).
Придумай	Denke dir … aus.
~ заголовок, название к песне.	~ eine Überschrift, einen Titel zum Lied
~ продолжение истории, песни.	~ eine Fortsetzung der Geschichte, des Liedes
Проведите опрос, дискуссию.	Führt eine Umfrage, eine Diskussion durch.
Пронумеруй …	Nummeriere …
Прослушай	Höre dir … an.
~ отрывок из … *mit Gen.*	~ einen Ausschnitt aus …
~ предложения, разговор, рассказ.	~ die Sätze, das Gespräch, die Erzählung
Прочитай	Lies
~ афишу, подписи.	~ das Plakat, die Unterschriften.
~ объявления, отрывок из письма, стихотворение.	~ die Anzeigen, den Auszug aus dem Brief, das Gedicht.

Р

Разыграйте сценку.	Spielt eine Szene.
Расположи предложения в логической последовательности.	Bringe die Sätze in eine logische Reihenfolge.
Распредели слова.	Ordne die Wörter.
Расскажи историю с перспективы… *mit Gen.*	Erzähle die Geschichte aus der Perspektive von …

С

Сделай заметки.	Mache dir Notizen.
Соедини слова, части предложений.	Verbinde die Wörter, die Satzteile.
Составь	Bilde
~ акростих, ребус, словосочетания.	~ ein Akrostichon, ein Bilderrätsel, Wortgruppen.
~ предложения по образцу, с союзом *что*.	~ Sätze nach dem Muster, mit der Konjunktion *dass*.

У

Угадай слово.	Errate das Wort.